伟大钢琴家系列

帕德雷夫斯基

皮耶罗·拉塔利诺 著
陆辛耘 译

Ignaz Jan
Paderewski
PIERO RATTALINO

意大利泽基尼出版社提供版权

上海音乐出版社　　上海文艺音像电子出版社
WWW.SMPH.CN　　WWW.SLAV.CN

图书在版编目（CIP）数据

帕德雷夫斯基／皮耶罗·拉塔利诺著；陆辛耘译．－上海：上海音乐出版社，2020.9 重印
（伟大钢琴家系列）
意大利泽基尼出版公司引进
ISBN 978-7-5523-0745-0

Ⅰ．帕… Ⅱ．①皮… ②陆… Ⅲ．帕德雷夫斯基，I.J.（1860~1941）－传记 Ⅳ．K835.135.76

中国版本图书馆 CIP 数据核字（2014）第 290273 号

Piero Rattalino, "Ignaz Jan Paderewski. Il patriota". Coll. "Grandi Pianisti", 7
Copyright "Zecchini Editore", 2006 – Via Tonale 60, I-21100 Varese – Italy
www.zecchini.com – info@zecchini.com
Discografia e Videografia a cura di Marco Iannelli
Chinese translation copyright
© 2015 by Shanghai Music Publishing House Co., Ltd.
All rights reserved.

书　名：帕德雷夫斯基
著　者：皮耶罗·拉塔利诺
译　者：陆辛耘

出 品 人：费维耀
项目负责：王　琳
责任编辑：王　琳
音像编辑：王　琳
封面设计：陆震伟
印务总监：李霄云

出　版：上海世纪出版集团　上海市福建中路 193 号　200001
　　　　上海音乐出版社　上海市打浦路 443 号荣科大厦　200023
网　址：www.ewen.co
　　　　www.smph.cn
发　行：上海音乐出版社
印　订：上海华顿书刊印刷有限公司
开本：889×1194　1/32　印张：3.5　字数：120,000
2015 年 4 月第 1 版　2020 年 9 月第 2 次印刷
ISBN 978-7-5523-0745-0/J · 0670
定价：26.00 元

读者服务热线：(021) 64375066　印装质量热线：(021) 64310542
反盗版热线：(021) 64734302　(021) 64375066-241
郑重声明：版权所有 翻印必究

伊格内西·简·帕德雷夫斯基
爱国者

在一名演员登上美利坚合众国总统之位的半个多世纪以前，波兰，这个经过百余年抗争终获独立的国家已经任命了一位钢琴家作为其总理和外交部长。1919年6月28日于凡尔赛宫签订的《和平协议》让伊格内西·简·帕德雷夫斯基的名字变得家喻户晓。他通晓数国语言，满怀热情进入外交领域，然而却不可避免地表现出了生疏与稚嫩。他并未如他梦想那般建立起一个全新的波兰。在凡尔赛的《和平协议》签订六个月后，他辞去了外交部长的职务，开始担任波兰驻联合国代表。此后，在1921年结束了自己的政治生涯。波兰何以派遣一位钢琴家作为其在凡尔赛的代表？答案不言而喻：此人是该国在1916年作家亨利克·显克维奇去世后唯一一位享誉全球的知名人物。毫无疑问，帕德雷夫斯基是一位伟大的钢琴家。人们总在议论，他是否堪称那一时代最优秀的钢琴家；或者，他是否能够与前一时代的李斯特相提并论。此外，他还是一名坚定的爱国者，从不放过任何为祖国争取自由独立的机会。为了波兰，他作出了巨大牺牲。1941年，即他去世前不久，面对波兰被德国与俄国瓜分的耻辱，帕德雷夫斯基对那些请求他演奏的人如此说道："我无法再弹奏钢琴了，除非我的祖国再次获得自由。否则，我永远都无法再继续演奏。"而今天，帕德雷夫斯基的理想究竟给我们留下了什么？他的艺术又带给了我们怎样的财富？回顾他的一生、他的成败，我们写下了一曲对这位现代英雄、理想主义骑士以及能够让纽约麦迪逊花园16000张门票销售一空的伟大钢琴家的壮美赞歌。

目 录

爱国精神 ································ 1
华　沙 ································ 6
柏　林 ································ 13
维也纳 ································ 18
巴黎—伦敦—柏林 ······················ 25
美利坚 ································ 33
罗　马 ································ 41
俄国与澳大利亚 ························ 51
不　安 ································ 58
技　术 ································ 63
……以及艺术 ·························· 70
从"一战"到"二战" ···················· 75

注　解 ································ 87
演奏曲目 ······························ 89
唱片信息与录像资料 ···················· 93
　　电影 ······························ 105
　　录像 ······························ 106
　　唱片标签索引 ······················ 106

爱国精神

19年1月18日,巴黎和会召开。同盟国战败了,俄罗斯帝国战败了,奥匈帝国也战败了。维也纳的皇帝、柏林的掌权者、圣彼得堡的沙皇和君士坦丁堡的苏丹陆续退出了历史舞台。战争的胜利者聚集到一起,向失败者宣布各自的条件,并在6月28日那天于凡尔赛宫——这座路易十四的城堡——签订了著名的《凡尔赛协议》。与会方除了那些得意的胜利者之外,还有民众代表。他们渴望取得或者重获自由,并建立起自己的国家。外交界和政界精英,经济学、统计学、地理学、民族学以及史学专家纷纷汇聚到巴黎,汇聚到凡尔赛宫。他们中的每一个人都是各自领域的头面人物。其中有一位,他来自音乐界。虽然在其他方面他可能一无是处,但在钢琴领域却有着极深的造诣。他被选为波兰的代表,因为他除了是一位享誉世界的名人外,还是一名相当激进的爱国者。他叫伊格内西·简·帕德雷夫斯基(Ignacy Jan Paderewski)。在他宽阔的肩膀背后,是58岁的年龄和53年的爱国精神。

李斯特的父母都是奥地利人,但他却出生在奥匈边境数公里外的一个匈牙利小镇;因此,即使他不是一个正宗的匈牙利人,也依然怀着对匈牙利的爱国之心走完了自己的艺术人生。将波兰视为祖国的帕德雷夫斯基出生于波多利亚(Podolia)的一个小村庄——库里洛瓦卡(Kurylowka),现位于乌克兰西部,但曾经——用帕德雷夫斯基的话来说——"属于波兰共和国"。(事实上,他所说的共和国并非1918年成立的那个波兰共和国,而是1659年波兰王国和立陶宛大公国议会在卢布林达成协议后建立的波兰共和国。)他的故乡庄稼遍地,尤其是成片的果园,一望无际。五颜六色的水果先是被存放在仓库,然后分批运到城里,芬芳四溢的果香"有时比最美丽的花朵散发出的香味还要浓郁"。在这幸福的波多利亚,统治阶级由波兰人组成,耕作的农民则大多来自鲁塞尼亚。在这两个民族间,基本保持着相安无事的状态,至少从马克思主义的角度来看,没有阶级斗争。村庄里的生活宁静古朴,村民们快乐地歌唱跳舞,没有铁路,没有火车轰隆声的打扰。他们很少出行,即使出门,所用的交通工具也无非是马车、雪橇或是马匹。而帕德雷夫斯基的父亲——简,则管理着一片巨大的封地,并雇用了数千名耕田栽种者。

　　掌管大权的父亲拥有自己的一片艺术天地:他有时会拉小提琴,有时作画,有时又会以宗教题材进行雕刻,然后把作品赠送给教堂。他是一位美男子,对宗教相当虔诚,勤勉、高尚,还极为幽默。母亲波丽谢娜·诺维奇(Polixena Nowicki)是立陶宛维尔纽斯大学一位教授的女儿。教授因为政治原因被流放到了俄国,美丽聪慧、知书达理的波丽谢娜也因此出生在了那里。然而,民族的界限与政治的边境不尽相同,因此,出生于波多利亚的帕德雷夫斯基从不会因为自己是波兰人、拥有波兰血统而感到窘迫。在他之前,他的父母还生过一个女儿,名叫安东妮亚,而我们的伊格内西·简是在1860年11月6日出生的。因为始终没有从难产中恢复,母亲在他出生后数月就去世了,只剩下父亲一人独自抚养两个孩童。

　　3岁时,帕德雷夫斯基开始慢慢接触钢琴。因为在库里洛瓦卡根本没有钢琴教师,父亲只好请来一位小提琴演奏者,临时充当起这个连他自己都不太精通的乐器的老师。帕德雷夫斯基在3岁那年不仅展露了自己的钢琴天赋，还显现出爱国精神。1861年沙皇签署的废除农奴制度的法令在农村激起了各种矛盾，尤其引起了土地主阶层强烈的不满情绪，叛乱之风悄然蔓延，一触即发。俄国当局毫不犹豫地将这一"阴谋"扼杀在了摇篮里。在一个不幸的早晨，一群哥萨克士兵包围了帕德雷夫斯基家的房子，为了寻找禁书、具有煽动性的布告还有军装，他们将屋子翻得鸡飞狗跳。最后，他们把伊格内西·简的父亲抓了起来，将他扔进监狱关了一年之久。

看到房子被包围，父亲又落在了一群"匪徒"手中，年幼却懂事的帕德雷夫斯基迫切想要了解其中的原因。虽有些胆怯，他还是坚定地走向了一名哥萨克士兵。因为此人最高，所以在帕德雷夫斯基看来，他很有可能是团伙的首领。士兵见他走来，便猛烈地挥舞起手中的鞭子，像是要把人剁成肉块。尽管受到不小的惊吓，帕德雷夫斯基依旧不屈不挠，继续朝这位首领走去，问他："我父亲究竟怎么了？"没有人回答他，帕德雷夫斯基却仍然坚持，最后挨到了"猛烈地鞭打"，还伴随着响亮的嘲笑声。用后来他自己的话说："和俄国当局的第一次接触是我记忆中永远都无法抹去的痛苦经历。首先是肉体上的痛苦（当时我几乎被打得皮开肉绽），更重要的是，在我心里，那是对一个还不满4岁孩子的自尊心的凌辱，它深深伤害了我的心灵。"

在父亲遭到监禁的那段日子里，帕德雷夫斯基和姐姐一起住进了一位阿姨的家中，还跟随一名对钢琴几乎一窍不通的小提琴师习琴。4岁那年，帕德雷夫斯基学会了用波兰文和俄文书写，还学会了用法语交流，因为在阿姨家任职的教师恰好是法国人。除此之外，他几乎每天都会爬上果树，尤其是梨树，似乎多汁的香梨对他永远有种无法满足的诱惑力。作为一名艺术家，他对水果表现出的痴迷远远要多于他对花朵的热爱。

许多曾经的农奴递交了请愿书——我说过，在那里没有阶级斗争——替帕德雷夫斯基的父亲求情。经过一年的牢狱生活，他终于获释。

虽然重获自由,他却无法官复原职。于是,全家搬到了一个叫苏德克沃(Sudylkow)的小镇,镇上90%的居民都是犹太人。父亲在一座墓地旁找到了安身之处,年幼的伊格内西·简也因此目睹了所有在那里举行的葬礼,目睹了被黑色呢绒绸缎裹住、只露出脸庞的尸体被深埋进土里的过程,伴随着祈祷、歌声、哭声、叫喊声还有女人无休止的哀诉声——这些女人只有在葬礼结束后才能出现。帕德雷夫斯基在那幢房子里居住了好几年。"那些日子里的每一个细节,"他说,"都深深印在了我的脑海。"

那幢孤房的一边正对着墓地,另一边则朝向一片池塘。在夏天,每到周五的晚上,也就是犹太人星期六安息日的前夜,池塘边都会举行沐浴仪式。社区里那些满脸胡子的男人会褪去平日里穿着的长袍——这种长袍自十字军东征时代一直流行至今,在池塘里不断浮沉。帕德雷夫斯基说:"在夏天周五的晚上,是请不到人来我们家做客的。"即便他没有告诉我们,我们也能想象,在那些长满胡子、顶着一头卷发的亚当后裔的裸体上,数百个因为割礼而留下的红色印记在一起跳动,会是多么滑稽的场景。

如此之生活所导致的结果便是3岁以前还欢快活泼的帕德雷夫斯基,从此变得忧郁伤感起来,这种忧伤在他父亲续弦之时更是变本加厉。那一年他7岁。后母是个穷姑娘,有一大家子要养活。婚后,这一家人都住到了离帕德雷夫斯基家不远的地方,不时来骚扰他们。帕德雷夫斯基和后母相处得还算不错,可他姐姐就不是了。在这两个女人之间几乎每天都要爆发一次争吵,而每一回帕德雷夫斯基都得充当和事佬,只是回回都以失败告终。

在琴艺方面,帕德雷夫斯基倒也取得了些许进步,但仅仅是"些许"。父亲请来了一位新老师,住在离苏德克沃八十多公里的地方。他或是每周来一次,停留两三天,或是每月来一次,小住上五六日。到了他8岁那年,父亲又为姐弟俩换了个老师,住在他们家里。他是一位年迈的爱国者,因为1830—1831年的波兰起义被判了刑,后来获得赦免,流亡去了法国。经过他的指点,两个孩子,尤其是男孩,在所有启蒙学科和法语中都取得了长足进步,对波兰这个国家也愈发崇拜。但在钢琴方面——就连他的父亲也意识到——即便不算差强人意,至少也是收效甚微。

11 岁时,帕德雷夫斯基在他居住的小镇上举办了几场音乐会,之后又将范围扩大到了扎克拉沃(Zaklaw)和奥斯特罗格(Ostrog)。他能在盖着大布的琴键上弹奏,引起了不小的轰动。有人知道这是一百多年前少年莫扎特的专长吗?或者这种方法是他的再创造?不管怎样,至少有一点可以肯定:这个弹着卡尔克布雷纳(Kalkbrenner)和伊格纳茨(Ignaz Tedesco)①的作品以及《威尼斯狂欢节》的少年,已经引起了人们的注意。霍德凯维奇(Chodkiewicz)伯爵主动提出带他一起前往基辅。"在当时那个年龄,我从来没有听过一场正式的音乐会,也没有听过任何乐队、钢琴手、小提琴手的演奏,就算是歌手的演唱也没有。对我来说,在基辅的经历就如同一次巨大的探险,"帕德雷夫斯基继续说,"我在那里生平第一次听到了音乐会。他们还带我去看了歌剧表演,让我见到了一些名演员。我认为阿戴莱德·里斯托里(Adelaide Ristori)是其中最优秀的,他是位意大利歌唱家。"结束了基辅之行后,一群人打道回府,其中的一段旅行是在雪橇上度过的,还是在夜里。那是一次噩梦般的旅行,饥饿的狼群"陪伴"了他们一路。为了驱赶野兽,车夫点燃了装运行李的雪橇和在田间侥幸觅得的稻草,如此,大家才得以逃脱死神的魔掌。可是,死神……当帕德雷夫斯基刚踏进家门,就察觉到了大厅里数支蜡烛所散发出的光芒。正是在大厅里,静静地躺着一天前突然去世的爷爷的冰冷尸体。

---

① 此处应该是指伊格纳茨·普莱耶尔(Ignaz Pleyel)。——译者注

华 沙

在我刚才的讲述中，许多信息都源于帕德雷夫斯基的自传。现在我们对故事已经有所了解，就会发现，自传本身的开头如果不能用"幽默"来形容，至少也是特别的："我的人生开端极其普通。"普通？我们不禁问道。我相信，没有人愿意以帕德雷夫斯基那样的方式度过自己生命中最初的十一年，也没有人愿意在凄冷的夜晚看到近在咫尺的饿狼眼露凶光，更没有人愿意在一场新奇的旅行归来之时发现自己爷爷冰冷的尸体。但我想，帕德雷夫斯基说出这样的话，应该是要表达另一层意思才对。此处我不得不补充一句：帕德雷夫斯基并不傲慢自负，但他始终抱有一个坚定的信念，认为自己是不朽的。在罗西尼的歌剧《灰姑娘》中，王子的侍从丹迪尼奉命假扮王子。乔装后，因为说大话而遭到主人的责备，而他如此反驳："我是伟大的，因为我伟大，我就能吹嘘我的伟大。"我说这些完全没有冒犯之意，只是像帕德雷夫斯基这样一位品格高尚、技艺精湛之人，是不可能使用自嘲这种方式的。所以，在谈论自己时，他会把自己归于"不朽"的层面。好吧，让我们想想，莫扎特在欧洲七国进行演出后，于他 11 岁那年创作了自己的第一部清唱剧，12 岁时又写下了第一部唱经弥撒。李斯特在他 11 岁时已名扬维也纳并得到贝多芬的赞许,12岁时走过了和当年莫扎特一样的道路,在巴黎受到了热烈欢迎。帕德雷夫斯基呢?11岁的他只在一些小城市举办过几场小型音乐会,12岁才进入华沙音乐学院接受启蒙训练。在当时,华沙音乐学院连莱比锡或者巴黎音乐学院都比不上。因为在那里任教的老师,连一位著名的大师都没有。其实,帕德雷夫斯基自传的开场白恰恰显示了他的谦逊,只是我认为,他在11岁那年所经历的一切必定对他的人生产生了举足轻重的影响。

当伊格内西·简从基辅归来之时,他的父亲就认为,只要有人能对自己的儿子进行适当点拨,他就一定能成为一名真正的艺术家。当时在波多利亚和华沙之间刚建成一段全新的铁路干线,只是火车运送的都还只是货物,没有乘客。因为父亲的坚持,火车员工终于同意让他们坐进一节货厢里。就这样,在父亲的陪伴下,帕德雷夫斯基来到了波兰首都,出现在音乐学院,并被免试录取。父亲怀着愉悦的心情登上了返程的货车,把帕德雷夫斯基留在了一位钢琴制造商的家中寄宿。这位制造商慷慨地招待了他,只收取极低的住宿费用,却为他提供数台钢琴用以学习。在华沙,帕德雷夫斯基惊奇地发现,原来照亮房间不只可以用蜡烛,油灯也行。在此之前,他一直都不知道世上还有油灯的存在。对他而言,那是一种新生活的开始。

他就读的华沙音乐学院是当年肖邦毕业的地方,因为1830—1831年的波兰起义,足足沉寂了三十载,直到1861年才重新开放。当时的院长是小提琴家阿波利奈尔·德·康特斯基(Apollinaire de Kontski,按照现代波兰语的拼法,应该写为Apolinary Kątski,但我还是采用了古老的写法)。他出身音乐世家,姐姐是歌手,一位哥哥是小提琴手,另两位则弹奏钢琴。阿波利奈尔·德·康特斯基是一位神童,得到过帕格尼尼的指点。还有故事说,这位热那亚人曾将自己的数把小提琴送给过他。作为音乐会演奏家,他在俄国、波兰、德国、比利时的舞台上异常活跃,还经常出现在圣彼得堡的宫廷里。但从1861年开始,他便在华沙过起了平静的日子,直到1879年在那里去世。其实,德·康特斯基家族真正的明星是钢琴家兼作曲家的安东尼。他是菲尔德(Filed)的学生,曾受到过肖邦和李斯特的褒奖。他创作过小歌剧、两首钢琴协奏曲以及四百余首钢琴独奏曲,其中最著名的当然要数随想曲《狮子的苏醒》。这部作品几乎能与他的同胞泰克拉·巴达捷芙斯卡-巴拉诺夫斯卡(Tekla Badarzewska Baranowska)所创作的《少女的祈祷》相媲美。总之,安东尼·德·康特斯基(Antoine de Kontski)是一位相当成功的国际音乐会演奏家,并且为帕德雷夫斯基的学习开拓了广阔的视野。1872年他搬去了伦敦,一年之后又移居美国。1898年,在结束了最后一次世界巡演(包括中国和日本)之后,他再次回到华沙,次年在那里去世。

进入音乐学院后,帕德雷夫斯基立刻与教授他理论、和声与对位法的老师建立起亲密的关系,同时却遇到了这样一位钢琴老师,对他的天赋视而不见,还认为他缺乏演奏这件乐器所应具备的悟性。帕德雷夫斯基更换了班级,只是刚逃出龙潭,又落入虎穴。如果说第一位老师是纯粹的理论主义者,从来不把理论与实际的技术相联系,那么第二位老师就是对传授技艺一窍不通了。反而是通过聆听一些钢琴家的演奏——尤其是尼古拉·鲁宾斯坦(Nicolai Rubinstein)的演奏,让他学到了比在钢琴课上更多的内容。只是很奇怪,帕德雷夫斯基居然没被送到圣彼得堡或是莫斯科学习,毕竟这两个城市的音乐学院在整个欧洲都是数一数二的。我想,这也许是受到波兰沙文主义的影响或是他本人对俄国人的憎恨所致吧。

为了摆脱在钢琴上这种无所作为的现状,也为了获得创作上的灵感和相关知识,帕德雷夫斯基开始学起了长笛,之后又学习了双簧管、单簧管、低音管和圆号。但他从每一位老师那里得到的评价无非是:"你永远都不会成为一名长笛吹奏家、双簧管、单簧管、低音管和圆号演奏家。"他的小号吹奏水平要略好一些,而在学习长号时则表现出了异常的天分。

（小号和长号是同一位老师教授，我猜他所教授的应该是乐队用的活塞式长号，而不是古典意义上的那种长号。）"你生来就是一名长号演奏家，"老师作出定论，"为什么你要在钢琴上浪费时间呢？你若吹奏长号，必将前途无量。"虽然帕德雷夫斯基没有完全被他说服，却依旧非常努力地学习着这件乐器。音乐学院的院长一直有一个在学生中组建乐队并进行公开演出的想法，伊格内西·简·帕德雷夫斯基便被指派到了第一长号手的位置。

帕德雷夫斯基确实在长号这一领域游刃有余，还成为了这支新生乐队的顶梁柱。然而比起好处，这项任务却给他带来了更多的不便，因为在进行乐队工作的同时，他既没有放弃钢琴课程，也没有中断对创作的学习。乐队的彩排耗费了大量他原本应当用来学习的时间。渐渐地，他开始逃课，在校方多次提醒后依旧我行我素，最终被赶出了音乐学院。当时他已年满15岁，却仍旧这般不知轻重。只是显然，院长宁可留住一位顽劣的长号能手，也不愿看到整支乐队群龙无首。于是，帕德雷夫斯基被重新召回了音乐学院，官方说法是因为他已经意识到了自己的错误（事实显然并非如此），所以校方原谅了他过去的行为。只是与此同时，各大报刊也没少对这位院长进行口诛笔伐，认为是他个人对乐队的嗜好导致了一众学生花费过多的时间。一些学生在针对阿波利奈尔·德·康特斯基的抗议书上签了名，其中也包括帕德雷夫斯基。因此，他被第二次驱逐出了音乐学院。

这回，他的过错是无法弥补了，只是故事没完。出于对钢琴的执著，帕德雷夫斯基逐渐产生了组织音乐巡演的想法。他同一位22岁的大提琴手以及一位18岁的小提琴手达成了一致（他本人16岁），一起开始闯荡江湖。他们去过一些度假山庄和温泉疗养院，到处打听可以租借钢琴和演奏厅的地方。三人确实找到了些许演奏的机会，得到的报酬却刚好只够填饱肚子。终于，在那个夏天快结束的时候，大提琴手再也无法忍受这种流浪艺人的生活，打道回府。帕德雷夫斯基和小提琴手继续在凉秋和严冬艰难地走遍波兰北方的各大省份以及俄国的边境地区。当小提琴手也最终厌倦了这样的生活时，帕德雷夫斯基不得不独自一人继续前行。

最后，连他自己也到达了可以承受的极限，忍不住给父亲写了封信。在收到父亲寄来的一百卢比路费后，他终于能够回到家乡了。只是在重返家园之前，他想先去一趟圣彼得堡。他在那里同一个波兰熟人见了次面，却不想被对方骗走了身上仅有的一百卢比。幸亏后来遇到了一位好心的穷人，在自家简陋的屋子里招待了他整整两个星期，为他提供面包和茶以解决一日三餐。在漫长的十五天过后，帕德雷夫斯基终于等来了父亲寄出的另外一百卢比。（父亲居然在梦中看见儿子绝望地流浪在圣彼得堡街头。）如此，在长达一年的流浪生活后，帕德雷夫斯基终于回到了久违的故乡。在圣彼得堡，他曾亲眼看到安东·鲁宾斯坦乘坐马车经过。因此，在他眼里，这场艰难的旅行和全部的遭遇都算是值得了。

流浪的岁月让帕德雷夫斯基从家庭和学校的闭塞环境中走到一个广阔却可怕的天地里。帕德雷夫斯基在他的自传里以轻松诙谐的口吻讲述了他的这段冒险经历，却没有向我们透露，在丰富了这些或积极或消极的经历之后，究竟哪些事物对他思想的变化、对他作为艺术家和普通人的成熟产生了影响。当然，我们完全可以想象，长期独立冒险的生活，16岁至17岁间流浪艺人的艰难经历，一定对帕德雷夫斯基的性格培养造成了巨大冲击。他的自传是由其本人口述给一位编辑的——那位编辑深得他的信赖，对他忠心耿耿。这本自传描绘出了一幅肖像画，立体、精彩，却是主观单向的。我之前曾开玩笑地说，帕德雷夫斯基在他3岁时就显现出了爱国精神。他留给我们的关于他自己的印象是（我不知道是他故意留给我们这样的印象还是无意为之）：其性格塑造的导向不是积累财富，而是剔除糟粕，就好像一尊已经铸造完毕的青铜雕像需要摆脱石膏的束缚获得自由一样。帕德雷夫斯基的自传包含了许多无法通过其他渠道获得的珍贵信息,但在揭露他本人灵魂深处的思辨时却极其吝啬。鉴于在认识他的人中没有人写过有关他的评论分析,我们眼中的他也就成了一个纯粹的英雄,没有敌人或是对手。当然,他的那些嫉妒心极强的同僚可能是例外。据说,他们给他起了"金钱雷夫斯基"的绰号,还总在他清点收入时计算他弹错的音符。可以说,帕德雷夫斯基在少年时期就已经意识到了自己的志向,或者说,自己的使命。就算有再多不利因素,他也有能力排除万难,去达成这一使命。他在 17 岁时就成为了自己想要成为的那一类人,这无疑是个奇迹。但所有这一切都会让我们——至少是我——产生这样的疑问:在帕德雷夫斯基的人生里,难道真的从未出现过危机、迷茫或是其他的诱惑吗?唯一能让我确定的只有他高尚的灵魂,但我不解,他的这种高尚品格真是与生俱来的吗?

刚才我们说到,在第二次被赶出音乐学院后,帕德雷夫斯基开始了探险生涯,此后又重新回到父亲的羽翼之下,一度销声匿迹。如果还有什么值得一提,那就是他又一次被音乐学院录取了。在被重新召回之后,有整整六个月他都废寝忘食,终于在 1878 年,也就是他 18 岁那年,获得了作曲专业的结业证书。此外,因为对钢琴的追求当时已在他脑海中根深蒂固,他还同乐队——也就是那个他曾经在其中担任第一长号手的乐队——共同演奏了格里格的《协奏曲》Op. 16,这为他赢得了学院的钢琴教师职位。他接受了这份工作,并在 1880 年娶了一位甜美的姑娘,次年做了父亲。同时,他也经常受邀为知名音乐家前来华沙举办的音乐会伴奏。其实,这完全得益于他的一次出色表现。那回,帕德雷夫斯基在没有彩排的情况下,独立完成了利奥波德·奥尔(Leopold Auer)音乐会的钢琴演奏部分。我们知道,利奥波德·奥尔是一位知名的小提琴家,也是后来埃尔曼(Elman)和海菲兹(Heifetz)的老师。总之,二十出头的帕德雷夫斯基已逐渐变身为这片地区的首领,成为音乐学院和剧院的院长已经指日可待。然而,妻子在分娩九天后的过世改变了他对未来的一切憧憬与期待。妻子在临终前把嫁妆交给了他,让他去别处试试运气。他把儿子托付给了岳父和岳母,向音乐学院请了假,带着口袋里为数不多的钱——包括妻子的嫁妆——去了柏林。

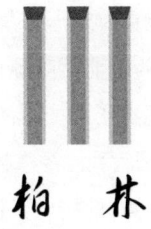

柏 林

　　帕德雷夫斯基原本打算在柏林学习钢琴，但又觉得首先完成作曲的学业会对自己更为有利。他拜在了德国作曲家弗里德里希·基尔（Friedrich Kiel）的门下。这位年届七十的大师被称作艺术学院里精力最充沛的作曲教授。在跟随弗里德里希·基尔学习作曲的同时，帕德雷夫斯基还研修了小提琴和大提琴的课程，从此对乐队中所有的乐器有了全面的认识。

　　在帕德雷夫斯基于柏林最初认识的一批音乐家里，有位名叫莫里兹·莫什科夫斯基（Moritz Moszkowski）的波兰人。他来自布赖斯拉伐（Breslavia），当时28岁，已是一名相当成功的钢琴家兼作曲家。帕德雷夫斯基这样对弗拉迪斯拉夫·高尔斯基（Wladistaw Gorski，小提琴手兼作曲家，同时也是帕德雷夫斯基在华沙音乐学院学习时的同伴，在之后的篇章里我还会提到他）讲述他第一天到达柏林时的情形："……我去了莫里兹·莫什科夫斯基家中，他亲切又可敬，热情地招待了我。之后，应他的请求，我弹奏了几首克拉科维亚克和托卡塔。他边叫边把我抱住：'太棒了！您简直就是天才！您绝对应该在这里举办一场音乐会。要是您愿意的话，我立刻就去找出版商，因为如果这些珍宝只是被留在记事本里，那

13

实在是太可惜了。'至于我的演奏方式——我能想象你一定要冷笑了——也给他留下了很好的印象,因为他非常吃惊地问我:'难道在音乐学院您只是为初级班授课?'我礼貌地点了点头,并问他可否把我引见给基尔先生。他回答我说根本不需要,因为我已经掌握了太多的东西,没有必要再跟随基尔学习了。但我一直摇头,他接着又说道:'如果您确实非常想去他那儿,我随时都可以奉陪。'次日下午1点,我们一起来到卢佐斯特拉斯92号,停留在写有弗里德里希·基尔名字的大门前。一位彬彬有礼、头顶小帽的老人为我们开了门。莫什科夫斯基向老人解释了我们此行的目的,还补充说在他身边的这个家伙(指我)不懂德语。只听见基尔低声嘟哝道:'这也不算太糟糕。'(⋯⋯)我首先弹奏了古组曲中的《序曲》。'非常好,'基尔说道,'不过现在让我们来听些现代一点的作品吧。'于是我又弹奏了一首谐谑曲。'很有特点,弹得也很好。'之后,因为基尔和莫什科夫斯基都想听我弹《前奏曲与托卡塔》Op. 6,我就满足了他们的要求。我弹错了差不多六十个音符,当我弹完时,基尔却拍着我的肩膀叫道:'好极了,好极了!精彩的炫技,优秀的技术,从容的触键。'基尔的这番话让我相信,在柏林,人们对钢琴演奏的研究,还真不怎么样。他让我马上(去学校)报到,从周三开始,每周上两次课,每个月支付三十马克作为学费。临别时他又对我说:'你还应该继续学习一些对位法。'"

对帕德雷夫斯基来说,在柏林的音乐之旅是一次对未知世界的探索。他欣赏了数场由他敬佩的汉斯·冯·彪罗(Hans von Bülow)所指挥的音乐会;第一次听到了勃拉姆斯和圣-桑的交响乐;聆听了比他年长几岁但早已出名的沙尔文卡(Scharwenka)和格伦菲尔德(Grünfeld)的演奏。而在基尔那里,一切都进展得相当顺利。"我已经对海伦娜·高尔斯基女士(Helena Gorska,在下文我会再次提到她)说过基尔对我的好意。但我想告诉你,其实有时候他的热情也会让我觉得尴尬。通常他为其他学生上课的时间只有半个小时,但轮到我时,常常会持续两小时甚至三小时。如果那时正好有其他学生在,他还会让他们去别的房间,礼貌地对他们说:'你们能够等我一会儿的,是吗?'(……)今天,他邀请我'吃饭,可是得饿着肚子',因为饭局时间是下周五。(……)我曾经拜访过的那些出版商,比如希永(Sijon)、西姆罗克(Simrock)、施莱辛格(Schlesinger)、陶德威恩(Trautwein),在和我接洽时似乎都不屑多说一句话。布克(Bock)却恰恰相反,他对我说:'作者应该有名字。'而我则回应道:'出版商应该有眼光。'我觉得似乎就是这句话让布克对我产生了愤怒吧。"[1]

帕德雷夫斯基错了。得益于莫什科夫斯基的大力帮助,Bote & Bock 出版社的这位雨果·布克(Hugo Bock)为他出版了他的第一批作品(并支付了他200马克),还经常邀请他到家中做客。在布克家,他结识了理查德·施特劳斯,小提琴手约瑟夫·约阿希姆(Josef Joachim)和巴勃罗·德·萨拉萨蒂(Pablo de Sarasate),还有他的钢琴偶像安东·鲁宾斯坦,也就是他在圣彼得堡隐约瞥见的那位坐在马车里的大师。帕德雷夫斯基让鲁宾斯坦听他演奏了《主题变奏与赋格》Op.11 以及其他一些选自刚刚出版的《旅行者之歌》Op.8 的乐段。鲁宾斯坦对这些作品给予了高度评价,还对他的弹奏水平赞赏有加。以下是帕德雷夫斯基透露给我们的一段对话:"'您应当创作更多的作品,创作更多的钢琴作品,'鲁宾斯坦说。'哦,我在钢琴方面实在是无所作为,我连弹琴的时间都很少,'帕德雷夫斯基回答道。鲁宾斯坦摇摇头:'并非如此。您应当花更多的时间去弹奏,您具有这方面的天赋,我肯定,您将来在钢琴领域一定大有作为。'"如果要用基尔的话来总结这段恭维的评价,那就是:"您应该更努力地学习钢琴,因为您在钢琴演奏上同样具有极高的天赋。"

帕德雷夫斯基没有明说,但我认为我们完全可以设想,基尔和鲁宾斯坦一定是在这个23岁的年轻人身上看到了钢琴家兼作曲家的潜力,看到

---

[1] "帕德雷夫斯基在基尔家",选自《帕德雷夫斯基记录》第14册,1991年5月。

了一位几乎只弹奏自己作品的钢琴家的身影。莫扎特、贝多芬、胡梅尔、肖邦、塔尔贝格(Thalberg)都曾以此为业,到了19世纪末,又出现了赖内克(Reinecke)、圣-桑,或者他的新榜样,比如莫什科夫斯基、沙尔文卡和阿尔贝尼斯(Albéniz)。我们很难想象,在一个新人辈出的年代[当时涌现了像绍尔(Sauer)、罗森塔尔(Rosenthal)、德·阿尔伯特(d'Albert)、布索尼(Busoni)等一批比他还要年轻的音乐人],帕德雷夫斯基居然能够在他23岁时就开始钢琴家兼作曲家的生涯。这谈何容易!他没有一张现成的音乐会曲目总表,而且就如他自己所说的那样,他也不知道应该如何学习:"我用了半生的时间才弄明白,钢琴有两种用处:一种是弹奏,另一种是工作!如果你选择前者,那么你将一无所获。你会被自己的情绪和你所弹奏乐曲的情感内容牵绊,在不知不觉中荒废你的一生。你会陶醉于你的情感世界——许多人就是这样浪费着时间——最后一无所获。而如果你选择后者,那么毫无疑问,你会受尽煎熬,你绝不会感到快乐,在你的世界里只会有'努力'和'痛苦'。你们看,在青少年时期,我只是弹奏,并没有在工作。我只是在十年之后才开始真正地工作,在这一刻以前(1937年),我都不得不做着艰难的挣扎,因为工作实在是件无趣的事。那时,我实在不明白应该如何去工作。但从一开始我就清楚,应该会有某个人或某样东西强迫我去工作,而不是去弹奏。好,我确实发现了,却是在许多年以后了。"

让我们继续。帕德雷夫斯基可能隐约感觉到,他虽有钢琴天赋,但学艺未精。于是在柏林待了一年后,他又回到了华沙,回到了音乐学院。这回,校方把高级班的学生交给了他来调教。他不负使命,许多家教课程也因此接踵而至。帕德雷夫斯基无疑是一名早期的斯达汉诺夫工作者。在那段时间里,他或多或少学习了所有乐器,以完善他作为作曲家所应接受的教育。此外,他还修读了拉丁语、数学、历史以及文学课程,以完善他所应接受的基础教育。在柏林时,他就已明白自己对于这些基础知识的掌握还远远不够。每天他都要教授九到十个小时的钢琴,而晚上(每天晚上!)还要花费四个小时的时间向四个家庭教师学习这些基础课程。当时他还接受了为报纸撰写文章的差事。当他认为自己可以与那些知识分子相提并论时(同时也积蓄了一定的资金时),他再次去了德国留学。那时,弗里德里希·基尔已身患重病,于1885年去世,所以他改投到了海因里希·乌尔班(Heinrich Urban)的门下。这是一位理论家,并且在几年后也成为旺达·兰多芙斯卡(Wanda Landowska)的作曲老师。

跟随乌尔班完成学业后,帕德雷夫斯基回到华沙,在塔塔山山间的小镇扎科帕内(Zakopane)度过了几周假期。在那里他结识了波兰的一位著名演员——莫捷耶夫斯卡(Modjeska)夫人。后者在听他弹奏了自己的作品后,极力支持他去克拉科夫举办一场音乐会,并保证她本人一定会参与其中。公众因为莫捷耶夫斯卡的名声从各地云集而来,而帕德雷夫斯基不仅取得了巨大成功,还攒到足够的报酬来支付他去维也纳向当时最著名的教授——波兰人西奥多·列舍蒂茨基(Theodor Leschetizki)求学的一切开支。于是,帕德雷夫斯基动身去了维也纳。那是1884年的秋天。

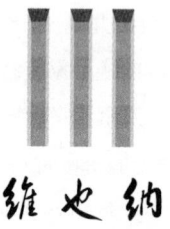

维也纳

"**在**我所认识的钢琴家里,没有一位能够与他匹敌,现在是这样,以后亦会如此,"帕德雷夫斯基这样评价列舍蒂茨基,"没有人能够与他相提并论。就这一点来说,他是一个巨人。如果我把他作为标尺来衡量目前我所认识的人,他们都将是微不足道的。"

显然,这是极高的评价。在当时,钢琴教师总不如作曲家那样出名。19 世纪末的维也纳无处没有勃拉姆斯的影子,人们确实也该替列舍蒂茨基多说些话了。如我之前所言,列舍蒂茨基是帕德雷夫斯基的同胞(Leschetizki 在波兰文中的拼法是 Leszetycki,但其实这是个斯洛伐克名字)。他于 1830 年出生在利沃夫(Leopoli),9 岁时在莫扎特最小的儿子——弗朗茨·克萨韦尔(Franz Xaver)的指挥下弹奏了车尔尼的协奏曲,从此开始了钢琴生涯。自 1840 年起,他在维也纳跟随卡尔·车尔尼习琴。卡尔·车尔尼是贝多芬的学生,也是李斯特与其他众多名家的老师。15 岁那年,列舍蒂茨基开始做起钢琴家教并在大学学习哲学。22 岁时他去了圣彼得堡,首次弹奏了自己的作品《马可的兄弟》(Die Brüder von Marco),从此在这座城市安定下来。32 岁时,他开始在安东·鲁宾斯坦刚刚创立的音乐学院任教。在1878年以前,他一直都留在圣彼得堡,培养了包括安妮特·艾西波娃(Annette Essipova)在内的众多学生。艾西波娃于1874年在俄国首都开始了她的职业生涯,此后相继在伦敦、巴黎、米兰以及美国等地取得巨大成功。她在纽约的节目单(从1877年4月23日到5月2日,整整七场个人独奏会,其中有两场弹奏的全部是肖邦的作品)告诉我们:这位26岁的女孩在她老师那里学会了很多东西(也间接反映了24岁的帕德雷夫斯基与国际水平之间的差距)。毫无疑问,艾西波娃收获的成功将列舍蒂茨基再次带回到人们的视线。1878年,他在维也纳开设了一所钢琴私人学校,而其助手正是艾西波娃(1880年后成为了他的第二任妻子)。

"亲切又慷慨的"列舍蒂茨基热情地招待了帕德雷夫斯基,"在作曲方面给予了他极大鼓励",但"在钢琴领域却让他完全丧失了信心,断言说为时已晚"。"那时我25岁,"帕德雷夫斯基说,"我必须从头开始,从最基本的指法练习开始。我得弥补在那些年里失去的所有时间,那些根本没人告诉我应该怎样工作的时间。"他还幽默地补充道:"那时我真是连走路都没学会就已经开始跳舞了。"如果列舍蒂茨基对他说并未看出他的钢琴天赋,帕德雷夫斯基或许也就死心了(真的会吗?),"但他却说我会有成功的可能(……)啊!太糟糕了!"

虽然列舍蒂茨基没有留下任何有关钢琴弹奏的专题论文,但通过其助手写下的各类文章,我们也能对他的训练方法略知一二。这里我们以马尔威·布里(Malvine Brée)的《列舍蒂茨基方法基础论》(Die Grundlage der Methode Leschetizki,1902年,美因茨)作为参考。她起初是列舍蒂茨基的学生,之后又成了深得他信赖的助手。她的这本书分别先于托拜厄斯·马太(Tobias Matthay)的《触键艺术》(The Art of Touch)以及鲁道夫·玛丽亚·布瑞索特(Rudolf Maria Breithaupt)的《钢琴的性质》(Die Natürliche Klaviertechnik)一年和三年出版,但给人的感觉却像是早了五十

19

年。列舍蒂茨基对于技巧的训练方法和杜塞克德(Dussek)的《方法》(1796年，Metodo)中所介绍的大同小异，少了《胡梅尔的方法》(1828年)以及《车尔尼的方法》(1839年)中体现的开放度，完全忽略了阿道夫·库拉克(Adolph Kullak)的《钢琴的形式美学》(1860年)中提到的一些方法，该书在19世纪末时已被汉斯·比斯卓夫(Hans Bischoff)修订到了第三版。要在键盘上进行一些手指灵活练习，帕德雷夫斯基不必每次都去打扰列舍蒂茨基。或许任何一位老师都会让自己的学生在琴键上狠下苦功，学习大拇指的移位技术。列舍蒂茨基自然也是如此，但他传授给帕德雷夫斯基的远不止这些：首先，他教会了帕德雷夫斯基如何学习。

在帕德雷夫斯基的自传里，作者在弘扬老师光辉形象的同时，在我看来，也似是低估了教学的整体内容。之前我曾提到，帕德雷夫斯基就好像一尊已经铸造完毕的雕塑，需要刷去残渣，然后进行抛光。他本人如此说道："我到他那里时，算是一位小有名气的钢琴家了，所以他对我的态度，稍有别于他对其他普通学生。在他看来，我是一位颇具前途的作曲家，他很希望，真的，他很希望可以教我。但同时，他又无法把全部的演奏知识都传授给我。对他而言，这很尴尬。或许正是出于这个原因，他从不鼓励我演奏——我让他陷于窘境。所以，在给我上课时，他总有那么些不自在。"此前，帕德雷夫斯基曾说，自己"已经具备了音乐家的素质"，所以列舍蒂茨基向他讲解"一部作品的感觉和风格"，也就不那么容易了，"因为在这一方面也许我知道的还要比他更多一些"。帕德雷夫斯基一向大度，但在说这番话时，似乎有些不着边际了。列舍蒂茨基曾经在维也纳跟随一名理论家西蒙·塞赫特(Simon Sechter)学习过作曲。这位老师后来还将布鲁克纳(Bruckner)收为徒。列舍蒂茨基刚录进唱片的《交响协奏曲》Op.9以及1882年分别在布拉格和曼海姆上演的两部歌剧《马可的兄弟》和《最初的裂痕》(Die erste Falte)，在我看来，都显示了让帕德雷夫斯基引以为豪的"更多一些"是何等可笑。这不是一个创作技巧或是演奏风格的问题。我不是要冒犯谁，只是不免假设，始终同知名音乐家保持联系的 54 岁的列舍蒂茨基，应该会比刚满 24 岁、才在大都市刚开始职业生涯的帕德雷夫斯基更从容老练吧。

　　列舍蒂茨基门下有一百多名学生。他住在一幢豪华别墅里，上完课后总会去听歌剧或是音乐会。他总是很晚才吃晚饭，饭后打牌或是玩桌球，一直到凌晨三四点，最后再去散会儿步，直到黎明才睡下。第二天继续教学，但通常不会早于 11 点。帕德雷夫斯基虽然没有在他的自传里说明，但我们完全可以想象，像列舍蒂茨基那样的大音乐家，在散步时很有可能会去妓院走上一遭。当然在俄国，这种"可能"几乎等同于事实：尼古拉·鲁宾斯坦有时会从妓院直接赶去莫斯科音乐学院上班。在常客之中，名人不占少数，绝不会缺少大指挥家、大演奏家。出于对他们应有的尊重，我不想在此指名道姓。在布达佩斯，至今还有人记得一位著名的乐队指挥，他经常让自己如天使一般的妻子陪他去妓院。然而，一天早晨离开时，他却忘了把妻子也接走，于是当他到达剧院猛然想起此事时，不禁用手拍了下自己的脑门，大声叫道："糟了！我把老婆留在妓院了！"如果不是一名绅士——真遗憾他是一名绅士——帕德雷夫斯基绝对会在自传里添加这样火辣的描写。可他就是一名绅士，从头到脚都是。

　　因为不知道列舍蒂茨基的习惯，帕德雷夫斯基第一次去他的别墅时，提早了许多时间。当他受到接待时，惊奇地发现主人向他致意的方式原来如此随便，就好像熟人一般。毕竟他在华沙就认识了安妮特·艾西波娃，当时他还赠送给对方由 Bote & Bock 出版社出版的一些作品，而对方更是在维也纳演奏了他的《变奏与赋格》Op. 11。列舍蒂茨基当时猜想，帕德雷夫斯基应该是要向他展示自己的最新作品。然而，当这位 24 岁的年轻人向他提出要跟他学琴时，他陷入了极度的不安。不过他还是听完了帕德雷夫斯基的演奏，犹豫再三后，将他收作为徒。此后，就如我刚才提到的那样，他让帕德雷夫斯基进行了指法训练并弹奏车尔尼的练习曲。

他弹得不算好,也不算熟练,不过总算凑合着学会了圣-桑的《第四协奏曲》。要是熟悉这首《第四协奏曲》,就会马上明白,要么列舍蒂茨基实在是个魔法师,要么就是帕德雷夫斯基并不如他自己所说的那样遭受折磨。

在差不多三个月的时间里,帕德雷夫斯基随列舍蒂茨基完成了九到十节课。他潜心学习,完全沉浸在这座城市的音乐和歌剧氛围里。(他是歌剧的疯狂追随者,我相信在那些演员身上他也学到了许多东西。)他还结识了勃拉姆斯,并让对方聆听了自己的数首作品。在花完了为数不多的积蓄后,帕德雷夫斯基再一次回到华沙,举办了一场个人作品专题音乐会。此外,他还去听了安东·鲁宾斯坦的四场演奏会,留下了"非凡的印象"。鲁宾斯坦之所以让他惊艳,是因为其演奏可以从神圣的天堂落入混乱的人间。(此外,他还说过,自己在一场独奏音乐会中弹错的音符甚至能被用来编成一首曲子。)鲁宾斯坦完全漠视弹错的音符和演奏的瑕疵。关于这一点,恐怕可以写一部鸿篇巨制了,我们无需在意。何况那些极度追求准确的演奏家,比如布索尼和拉赫玛尼诺夫,在谈到他时,总会表现出欣赏,甚至可以说是满怀敬意。帕德雷夫斯基最后这样有趣地评论道:"鲁宾斯坦是一号大人物,而我不得不再一次重复,在那时,他的这种演奏方式是对我职业生涯的最大鼓励。"阿劳在谈到他之前那一代的伟大钢琴家时曾说:其实错误的弹奏一度是天才们的专长。总之,在鲁宾斯坦身上印证了这一点后,帕德雷夫斯基算是自信满满了。

在华沙,正当帕德雷夫斯基苦于无处赚钱之时,列舍蒂茨基的引荐为他收获了斯特拉斯堡音乐学院的聘书。"列舍蒂茨基强烈建议我接受这个教师职位,在某种意义上,可能是为了证实他从前的说法,也就是要想成为一名真正的演奏家,我起步太晚,因此这几乎成了天方夜谭。"帕德雷夫斯基最终接受了这份工作。"尽管我不赞同他的这种说法,但我完全明白他想要帮我一把的好意。似乎(接受它)是我唯一能做的事了。"在斯特拉斯堡,他每周工作24小时,并兼任家教。此外,他还专心研习,举办了一场同乐队合作的音乐会(节目包括圣-桑的《第四协奏曲》),一场室内乐音乐会和一场独奏音乐会。他也在卡尔斯鲁厄和阿尔萨斯的其他一些小城市进行了演奏,认识了法兰西共和国前任总理同时也是下任总统候选人朱尔·费里(Jules Ferry),以及下议院院长查理·弗洛凯(Charles Floquet)和上议员舒尔·凯斯特奈尔(Scheurer-Kestner)。

此处我得插一小段有关帕德雷夫斯基社会关系的题外话。在1885年夏到1886年夏的这段时间里,他始终居住在斯特拉斯堡。当时阿尔萨斯摆脱德国的统治还只有十五年的时间(在1870年的普法战争中,法兰西大败而归)。阿尔萨斯及其首府斯特拉斯堡自1681年起就归法兰西管辖,因此在1885年时,无论从文化还是政治的角度,它都具有浓烈的法兰西色彩。在居住期间,帕德雷夫斯基和上述政界人物逐渐建立起了友好关系。"这些好人鼓励我,鼓励我去巴黎,去那里演奏。他们的热情给了我强劲的动力。他们对我在巴黎开展事业抱有十足的信心。他们的关心是如此强烈而真诚,甚至改变了我的心态。"他开始——我们在以后会看得更清楚,只是在斯特拉斯堡时已初现端倪——将自己定位为天才人物,越发频繁地出现在各地的社交场合,并不断加大自我推销的力度。

唯一让帕德雷夫斯基感到不快的是鲁宾斯坦。在去巴黎的路上,鲁宾斯坦途径斯特拉斯堡。由于他必须在火车站等候两小时,闲来无事,便邀请了斯特拉斯堡音乐学院的院长以及帕德雷夫斯基共进午餐。相谈甚欢之时,他邀请两位去巴黎找他。帕德雷夫斯基之后确实去了巴黎,并再次和鲁宾斯坦共享了午餐。但当他向鲁宾斯坦索要其音乐会门票时,却被打发去了剧院经理赫曼·沃尔夫那里。这位经理不问缘由就直接把他赶出了门外。帕德雷夫斯基在他的自传里用了好几页笔墨来披露鲁宾斯坦和沃尔夫的这种行为,还声称从此事中得到了教训,发誓自己将来决不会拒绝他人索要其音乐会入场券的要求。其实有时,还不止如此。一位老妇人曾经告诉我:二十世纪30年代时,帕德雷夫斯基在米兰举办过一场音乐会。当时这位老妇人还只是个小女孩。因为实在买不到那场独奏会的门票,她和另外几个女孩就一起趴在了帕德雷夫斯基乘坐的那辆轿车的玻璃窗上。帕德雷夫斯基很快明白了个中原委,于是摇下窗户。当他看到保安粗暴地把那些女孩拉开时,立刻用法语叫道:"这些年轻人是和我一起的。"之后,他让工作人员在钢琴周围为她们加了三个座位。比起我的叙述,这位老妇人——她从未结过婚——的原话要长得多,也感人得多。在叙述这个故事时,我发现她眼含热泪。帕德雷夫斯基就是这样一类人:他的行为举止会让人把他当作传说中彬彬有礼的君主。

  1886年夏天,帕德雷夫斯基回到了波兰,更加坚定了继续钢琴生涯的想法,也因此回绝了所有的教师职位。虽不再有收入来源,他却获得了钢琴制造商儿子的资助——曾于1872年在家中招待过他的那位。于是他再次启程去了维也纳,找到列舍蒂茨基。在1886年至1887年间,他一共跟随列舍蒂茨基上了十六节课,并创作了《小步舞曲》,让他的名字很快变得家喻户晓。在老师的帮助下,他首次登上了维也纳的舞台,在由奥地利女歌唱家波林·路卡(Pauline Lucca)发起的慈善音乐会上弹奏了自己的数首作品。在获得热烈的反响之后,他决定去巴黎一展身手。

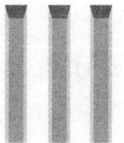

巴黎—伦敦—柏林

在巴黎,帕德雷夫斯基的支持者和赞助商早已为他铺好道路。他开始频繁现身于私人住宅,进行演奏。此外,他又通过安妮特·艾西波娃的引荐结识了赫赫有名的钢琴制造商埃拉尔,并于1888年3月3日在埃拉尔音乐大厅正式开始了他在法国的公演。在台下的听众里,有法国与波兰的贵族,有巴黎科洛纳乐队与拉穆勒乐队的指挥,有古诺(Gounod)、艾西波娃、肖邦的关门弟子卡米尔·杜布瓦(Camille Dubois,出生时的姓氏是 O'Meara)、柴科夫斯基,还有一位贫穷的波兰女孩。女孩是剧院雇来捧场的,因此得到了一张赠票,而她正是今后两度获得诺贝尔奖的居里夫人。从贝多芬的《C小调三十二首变奏曲》开始,到李斯特的《第六匈牙利狂想曲》,再到一系列舒伯特、肖邦和帕德雷夫斯基自己的乐段,直至加演的十二首乐曲,这些人不断为帕德雷夫斯基热烈地鼓掌。此后,帕德雷夫斯基顿时成了音乐会的宠儿。当时在他的曲目总表里只有格里格的《A小调协奏曲》、圣-桑的《第四协奏曲》,以及他自信能驾驭的独奏音乐会节目单和其他为数不多的几首乐曲。但他不断地工作,工作,工作——如今他已经知道该如何工作了——先是在巴黎演奏,然后是布鲁塞尔,之后又去了维也纳,给列舍蒂茨基过目他的新节目表,最后在奥地利著名的贝森多夫音乐厅(Bösendorfer)进行了演奏,获得巨大成功。在此期间,他还创作了《协奏曲》Op. 17,邀请了以指挥瓦格纳作品而著称的奥地利指挥家汉斯·里希特(Hans Richter)进行试听,并获得了后者的认可。一切都相当顺利,只是在列舍蒂茨基那里……坦白说,帕德雷夫斯基的成功也让老师列舍蒂茨基再次受到人们的关注,但老师却竖起了汗毛。"(……)在我小有成就之时,他不愿意相信!(……)他认为我不能代表他的钢琴学派,不能代表培养出那个时代众多伟大演奏家的列舍蒂茨基的教育方法,"帕德雷夫斯基说,"他并不认为我的成功是正当合理的。"很奇怪,不是吗?但也不是不能理解。列舍蒂茨基把赌注下在了马厩里的另外一些马上,可最后赢得比赛的却是匹"黑马"。里希特在列舍蒂茨基家中试听了这首《协奏曲》Op. 17。听完后,他立刻向帕德雷夫斯基发出邀请,希望他能和自己以及爱乐乐团合作,共同演绎这首《协奏曲》。"(……)但当时在场的艾西波娃-列舍蒂茨基夫人马上说道:'应当由我来弹奏这首乐曲。我已经花了好几个星期来研究它,我请求获得这一特权,成为这首作品的教母。'列舍蒂茨基也立刻接过她的话,坚持他们的这一想法。"帕德雷夫斯基没有反对:甚至连他自己都不认为他所取得的成就是"合法"的,再说,他也没有"为公开演奏这首乐曲做好充分的准备"。于是,这首《协奏曲》Op. 17 的处女秀就交给了艾西波娃和里希特,而帕德雷夫斯基本人直到两年后才把它添进了自己的曲目总表里。

带着三张新节目单,帕德雷夫斯基回到巴黎,在 1889 年的世博会上进行了演奏。之后他周游了比利时、法国、荷兰、德国、波希米亚、匈牙利以及波兰,最后回到巴黎定居。他先后结识了古诺、丹第(d'Indy)、马斯内(Massenet)、法国的魏多(Widor)、拉洛(Lalo)、福雷(Fauré)和圣-桑(圣-桑曾说过一句非常有名的话:"帕德雷夫斯基是一位因巧合而开始弹奏钢琴的天才"),以及众多的文学家、画家、演员、政客和一大把贵族。1890

年5月,他穿越英吉利海峡,去了伦敦。5月8日,他"在古老的圣詹姆斯音乐厅里"进行了在伦敦的首场演出。那场音乐会的观众寥寥无几(他的收入仅为十英镑),报纸上对他的评论也毫不留情,就连少数仁慈的评论家也将矛头指向了他对于舒曼作品的演绎。在伦敦,人们非常崇拜克拉拉·维克(Clara Wieck),也就是舒曼的遗孀,人们心目中的圣女。如果有谁使用异于克拉拉·维克的方式演奏舒曼的作品,必将招致公愤。"对于舒曼作品的演奏,的确存在着一种传统,而我恰恰破坏,或者说,扰乱了这种传统。但我确信我是按照舒曼想要的那种方式进行演奏的。我并不是说我的演奏完美到与作者的意图完全吻合,但至少是遵循了作品中的力度记号。在他标明'极强'的地方,我就用'极强'的方式弹奏;而舒曼夫人,那位可怜的老妇人,她却不能。因此,在我弹奏所有那些她曾在公众面前演奏过并已建立起演奏标准的作品时,我着实让观众大吃了一惊,但似乎他们并不喜欢这样的惊喜。"

我相信问题不仅只是用或者不用"极强"的方式来演奏"极强"那么简单。克拉拉曾在伦敦举办过不计其数的音乐会,直到1888年,也就是她79岁那年。也许她的力量已逐渐减弱。另外,我们也需要知道她和帕德雷夫斯基分别使用了哪些钢琴进行弹奏。因为在1890年时,出现了从浪漫派钢琴到现代钢琴的转变。前者采用的是绷紧的金属条与金属棒,后者则使用由整块钢铁铸造而成的金属框架。依我的观点,在克拉拉和帕德雷夫斯基之间应该还存在着文艺思想上的对立,因为帕德雷夫斯基所遵循的是李斯特以及其他演奏奇才的"伟大方法",而克拉拉却非常讨厌李斯特本人以及他所表现的一切。"李斯特是一位伟大的钢琴天才,但对年轻人来说,他又是个相当危险的模仿对象。几乎所有新生代的钢琴演奏者都会模仿他,但他们缺少他的头脑,他的才华,还有他精妙的触键。如此,在今天我们只能找到两种人:一种是修成正果的艺术大师,另一种则是为他人在茶余饭后平添笑料的滑稽之人。"在1886年的日记里,帕德雷夫斯基这样评论李斯特的去世。"我从未主动去认识克拉拉·舒曼夫人，"帕德雷夫斯基说，"唯一一次看见她是在1890年于美因河畔法兰克福举办的一场交响音乐会上。我在台上演奏自己的《协奏曲》，她坐在台下第一排。我记得很清楚，她对我的协奏曲兴致盎然，还在我奏完后给予了热烈的掌声，多好的一位老妇人(当时她年事已高)！然而，当我开始演奏李斯特《唐·乔万尼》中的幻想曲部分时，她却难以掩饰深恶痛绝的表情，我可以说，那简直到了让她恶心的地步。你们也知道，在她的小圈子里，李斯特一直都被看作是名副其实的恶魔(……)"。我们无法对克拉拉以及帕德雷夫斯基指下的舒曼作品进行比较。关于克拉拉，我们几乎没有任何资料(只对她忠实的学生范尼·戴维斯略知一二)，而帕德雷夫斯基这方面的信息也少得可怜。但有一点可以肯定：在一开始，帕德雷夫斯基并不讨英国人喜欢，其中一个重要原因是他惹恼了传统的追随者——一种由克拉拉建立的演奏舒曼作品的传统。

虽然无法对二人的演奏方式进行直接比较，但我们可以很快开始另一项研究，它不仅涉及帕德雷夫斯基对于舒曼作品的演绎，还关系到他演奏的肖邦作品(以及贝多芬、莫扎特、巴赫等人的作品)。即便帕德雷夫斯基是波兰人，肖邦作品演奏传统的追随者同样没有承认他身上"正宗的肖邦风格"，先有约瑟夫·斯利文斯基(Jósef Sliviński, 1865—1930)的公开非难，后有劳尔·柯乔尔斯基(Raoul Koczalski, 1885—1948)的私下批评。之所以会产生有关"正宗"与否的争议，归根结底是因为人们在对待肖邦或是舒曼的钢琴作品时，通常都不会以一个宏伟的音乐厅和一群没有差别、实行阶级合作的听众作为前提进行思考。当李斯特有意进行一场独奏音乐会并将它安排在一座可能只有三千座位的音乐厅时，他已经不可避免地将原本精致高雅的沙龙艺术给"庸俗化"了。所有的一切，包括音色、分句、技巧、演奏姿势，都好像被放在了显微镜之下，不再是室内乐般的感觉，完全成了剧院式的规模，而原本高雅的作品也成了大众清唱剧。

李斯特早已意识到这一点,他曾经的老师卡尔·车尔尼对此更是了然于胸。车尔尼曾于1837年在巴黎逗留期间和李斯特交往甚密,并于两年后在他的《方法》一书中确立了全新的训练理念。也正是从那一年开始,李斯特将老师的这些方法付诸实践。帕德雷夫斯基和那一代的其他音乐会演奏家踏着李斯特的足迹,然而他们所用的钢琴,其声音要比斯特那个时代的更加洪亮,他们必须学会使用这样的钢琴。从这一点来说,列舍蒂茨基的方法更适合于培养年轻的学生。对于已经小有成就的音乐会演奏家,那就需要进行大刀阔斧的变革了。我此前提到的理论家马太和布瑞索特就对此进行了探索。他们在20世纪初发表的作品,正是对19世纪最后十年进行观察、思考并经过实践检验所得出的成果。

从我们今天在报纸评论中提炼的信息来看,在两个不同时代的过渡期里,帕德雷夫斯基、罗森塔尔、布索尼是第一批能够充分利用现代钢琴力学潜能的钢琴家,当然还有绍尔——虽然在探索钢琴的某些音色潜能方面,他要略逊一筹。应该说,是声音的力量、优美以及感官魅力把帕德雷夫斯基推向了钢琴家之巅。当然,我们现在又发现了另一些元素。这还多亏了一位外冷内热的英国绅士——钢琴家哈罗尔德·鲍尔(Harold Bauer)。要是没有帕德雷夫斯基,他就不可能成为钢琴家。

刚才说到,帕德雷夫斯基在伦敦的首场独奏会并不顺利。第二场有所好转,到了第三场,形势就大为改观了。在第四次出现在伦敦的舞台上时——和爱乐乐团一起,他已经征服了全场观众和所有评论家,当然除了肖伯纳(G. B. Shaw)和约翰·亚历山大·富勒-梅特兰(John Alexander Fuller Maitlan)。在我们的主人公看来,后者的评论并非不无道理:"他写的都是正确的。他经常对我提出批评,但都是公正的批评。一切都那样纯粹,那样诚恳。哦,不只是诚恳那么简单,因为它们都有充分的根据和理由。对于他,我始终怀有感激之情,因为他帮助了我。"我从未见过有人在面对批评时,还能如此慷慨大方,这使我吃惊,更让我感动。就这一点来说,帕德雷夫斯基是一位真正的绅士,值得人们为他树立一座丰碑。相比之下,肖伯纳可就完全与"绅士"沾不上边了。他不断在帕德雷夫斯基身上留下各种砍劈打击的印痕,后者的成功越大,他的批判就越激烈。"他的评论,"帕德雷夫斯基一针见血地指出,"已不再只是针对我个人,而是针对整个公众舆论。我想,这大概和他的性格有关吧。然而,他对待我已经不只是'严厉'这么简单了,可以说,他是在嘲笑和丑化我。他深深地伤害了我。"

那么现在,让我们再来听听哈罗尔德·鲍尔的说法:"一天,有人给了我一张音乐会门票,是一位年轻的波兰钢琴演奏者在伦敦举行的首场音乐会。媒体报道称,他在巴黎取得了不菲的成绩。于是我就去了。音乐会开始前,我看到他从圣詹姆斯音乐大厅的台阶上冒了出来,这一幕恐怕我永远都无法忘记。他头上顶着一团浓密的金发,头发下面则是一张苍白又略带失望表情的脸庞。再往下看,他戴着一条白色真丝宽领带,几乎覆盖了他整个前胸。而当我好奇的目光继续往下落到他的双脚时,赫然发现他穿着一双芭蕾舞鞋。演出开始了。他首先演奏门德尔松的《E小调前奏曲与赋格》(并不是大多数人弹奏的那首 Op. 35 no. 1,而是另一首),气势恢宏,接着又连续演奏了大约两个小时。听众们被深深吸引,但并未表现出特别的狂热。我认为总体感觉可以用一位年轻少妇在音乐会结束后走出大厅时所说的话来表达:'他的演奏方式不如伯纳德·史塔文哈根(Bernhard Stavenhagen,生于 1862 年)的那样让我喜欢,'女子低声说道,'但我不得不承认,我从未见过像他那样有趣的男人。'史塔文哈根是那一时期在伦敦最受欢迎的钢琴家,然而此后的事实向世人证明:一位名叫帕德雷夫斯基的波兰绅士,才是当时世界上最伟大的钢琴家。"鲍尔顺便提到,他当时是一名小提琴演奏者。帕德雷夫斯基认识了他之后,建议他转行演奏钢琴,说:"您应当弹奏钢琴。您看,您的头发如此帅气。"[1]

---

[1] 选自《他的书》(His book),W. W. Norton & Company,纽约,1948 年。

帕德雷夫斯基是一位美男子,身材高大,体格健壮,拥有一头浓密的黄褐色长发(我们可以用金子来形容其颜色,用菊花来形容其密度),性感的嘴唇上有两撇小胡子,下巴上则留着火枪手式的山羊胡,一双蓝色的眼睛深邃而迷人。女人在第一眼见到他时便会为之倾倒。20世纪初,爱德华·伯恩-琼斯(Edward Burne-Jones)的素描以及劳伦斯·阿尔玛-塔德玛(Lawrence Alma-Tadema)的肖像画都展现了他的风采,而现今我们手上的照片也可以向我们证明:当时那两位画家的确没有半点夸张。1896年,一位美国评论家发表一篇文章,用半严肃半幽默的口吻为我们描述了帕德雷夫斯基"肥大的头颅",说是他兴奋的神经刺激了脑髓中的灰质,使它们痛苦地压迫他的脑壳,于是他的发根就会绷直,全部头发都会被充上"精神电流",而这种"精神电流"又会通过空气触动听众的神经。(当然还是得经过头发的传播。显然,这位评论家考虑的对象是女性听众,不然人们一定会问:那么光头或是秃头又会有怎样的反应呢?)其实,就连李斯特所获得的成功也在很大程度上和他的形象有关。但帕德雷夫斯基的头发却几乎成了他的标志并伴随着一切有关于他的神话。我们以后就会知道,他不仅是一位极其英俊的绅士,还是一位大众心理学方面的资深专家。

帕德雷夫斯基周游了整个大不列颠,然后回到伦敦,频频出现于各大公共音乐厅以及私人会所与住宅(他的每次演出都能取得丰厚收入)。在那个音乐会季度里,他一共进行了四十场演奏。随后,他途经德国,到达了布加勒斯特,受到罗马尼亚女王的款待(女王常用卡门·席尔瓦的笔名写诗),最后到达柏林。在同汉斯·冯·彪罗指挥的爱乐乐团进行的正式彩排中,帕德雷夫斯基表现得异常出色。很快,位高权重的赫曼·沃尔夫向他抛出了橄榄枝,请求充当他的经纪人。对于帕德雷夫斯基来说,他就好像歌剧《托斯卡》中的斯卡尔皮亚一样,终于等来了这一扬眉吐气的时刻。他从未忘记当年的自己是怎样因为索要一张鲁宾斯坦音乐会的门票而被沃尔夫拒之门外;他也不曾忘记,一年前的自己在遇见沃尔夫时又是如何遭遇这群人的轻视与不屑。反正,他告诉沃尔夫,自己已经有了经纪人,是位年轻的英国人。沃尔夫再三坚持,帕德雷夫斯基依然不为所动。沃尔夫最后告诫他说,如果拒绝,将来必定后悔。用帕德雷夫斯基自己的话来说:"(……)当时我们四目相对,之后沃尔夫便转身离开了。"然而,在正式的演出中,乐队表现得相当糟糕,彪罗也显得异常紧张,人们预想中的成功如今变成了一场灾难。现场嘘声四起,各大报刊也相继展开了无情的屠杀:"为什么这个波兰人会出现在这里?他究竟要从我们的爱乐迷那里获得什么?难道因为写了区区一首《小步舞曲》就认为我们会容忍一场枯燥、呆板又恶心的音乐会?简直可笑!"出版商雨果·布克寻思着该如何补救,然而他却忘了,在他面前的帕德雷夫斯基,是一位不折不扣的翩翩君子:"我不会再有任何雪耻的机会了。不会再有了。我永远不会再来柏林演奏了。"他兑现了自己的承诺。

III

美利坚

18 91年,帕德雷夫斯基回到伦敦。在演出取得极大成功后,他受到了维多利亚女王的接见(女王还在日记里写道:"我确实认为,他可与鲁宾斯坦平起平坐"),进一步扩大了自己在上流社会的影响力。此后,他从施坦威钢琴公司那里获得了一份合同,要求他在美国举办八十场音乐会,而作为报酬,公司将支付他三万美元外加旅途中的一切开销。11月3日,在一位秘书的陪同下,他坐船前往纽约。此时的他已完全不把列舍蒂茨基当初的预言放在眼里,因为他已经成为一颗耀眼的明星。

虽是一颗明星,但帕德雷夫斯基对于自己在美利坚的生意还一无所知。然而他很快就看出了端倪:在到达的第一个星期里,他必须在三个晚上演奏六首不同的钢琴与乐队协奏曲,第二周还得进行六场不同曲目的独奏会。在去美国前,他准备了四首协奏曲(肖邦的《协奏曲》Op. 11,鲁宾斯坦的《第四协奏曲》,圣-桑的《第四协奏曲》与他自己的《协奏曲》Op. 17)以及另外两首还不十分熟练的作品(舒曼的《协奏曲》Op. 54 和李斯特的《第一协奏曲》)。他虽感到震惊,却并未因此泄气。11月17日,在沃尔特·达姆罗施(Walter Damrosch)的指挥下,他和钢琴家圣-桑合作,开始了在美国的首场演出。他夜以继日地学习,认真完成所有的工作。让我们来听听达姆罗施的说法:"伊格内西·简·帕德雷夫斯基于1891年第一次出现在了美国的舞台上,我担任了他最初五场音乐会的乐队指挥。音乐会是由斯坦威钢琴公司赞助举办的,他们告诉我,帕德雷夫斯基第一场音乐会的净收入只有五百美元!然而,他的演奏方式连同他的个人魅力,很快就征服了我们的观众。我相信,从弗朗兹·李斯特时代以来,还没有哪一位艺术家能够在演出中展现如此迷人的魅力(……)全世界都知道他在音乐领域所取得的成就:他那富有灵感的演奏,他那惊人的记忆力,还有他的音乐所呈现出的清新色调。但恐怕没有多少人了解,他还对文学、哲学以及历史有着浓厚的兴趣。或许,只有'一战'能够告诉我们,他作为演说家与政治家的地位,丝毫不亚于他音乐家的身份(……)初来美国之时,他的英语简短而蹩脚,但即便如此,他依然显示了自己所向无敌的统治地位"①。在帕德雷夫斯基完成美国巡演之时,他已踏遍了美国西海岸的土地,在117天的时间里完成了107场音乐会,比合同中规定的还多出了27场。这就是他在美国的生意。

  在发现帕德雷夫斯基这颗明星的同时,美国也发现了独奏音乐会这样的形式能够产生如此巨大的效应。帕德雷夫斯基是第一位在刚落成数月的卡内基音乐厅举办独奏音乐会的钢琴家,当时,门票被一抢而空。在卡内基音乐厅与乐队合作的音乐会过后,施坦威公司将他的独奏会——按照惯例——安排在了麦迪逊广场花园的小厅里。在那里举办到第三场后,因为经不起愤怒的帕德雷夫斯基的执意要求,施坦威又重新租借了卡内基音乐厅的场地以进行余下的三场独奏会,最后两场的门票再次脱销。我们知道,在此之前,艾西波娃已在纽约举行过多场独奏会。除她之外,还有许多先于帕德雷夫斯基跨越大洋的演奏家,比如赫尔茨(Herz)、塔尔

---

① 选自《我的音乐生涯》(My Music Life),George Allen & Unwin Ltd,伦敦,1924年。

贝格、戈特沙尔克(Gottschalk)、安东·鲁宾斯坦、汉斯·冯·彪罗,年轻一些的则有阿德勒·奥斯·德尔·欧尔(Adele aus der Ohe)、莫利茨·罗森塔尔(Moriz Rosenthal)、尤金·德·阿尔伯特(Eugène d'Albert)、阿图尔·弗里德海姆(Authur Friedheim)以及奥托·海格奈尔(Otto Hegner)。然而,只有在帕德雷夫斯基身上,钢琴独奏会才产生了这般质的飞跃,钢琴也变得与小提琴和歌唱一样流行起来。如此之转变——我们可以认为是跨时代的——正是通过帕德雷夫斯基于美国举行的三次巡演才得以发生,即1891—1892年间,1892—1893以及1895—1896年间的三次巡演。到了最后那一次巡演,有两节钩在火车身后的大车厢(装载着演奏用的三角钢琴和练习用的立式钢琴,并配有床位和厨房)始终为帕德雷夫斯基专人保留。在从西海岸到东海岸的全程跋涉中,它们还陪伴大师在一些中型城市(比如当时的洛杉矶)和小型城市(比如当时的圣地亚哥)留下了足迹。现在,让我们看看他当时究竟弹奏了哪些作品。

在1891年11月24日举行的第一场独奏会上,帕德雷夫斯基演奏了贝多芬的《奏鸣曲》Op.57、舒伯特的某首即兴曲、某首《音乐瞬间》以及《奏鸣曲》Op.53中的一首小步舞曲、舒伯特-李斯特的《匈牙利风格嬉游曲》中的进行曲、舒曼的《幻想曲》、肖邦的五首作品(只是简单地标了《练习曲》《夜曲》《圆舞曲》《玛祖卡》《谐谑曲》)、鲁宾斯坦的《威尼斯船歌》、他本人的《克拉科夫幻想曲》以及李斯特的某首匈牙利狂想曲。1892年1月2日在卡内基音乐厅,他保留了贝多芬的"热情",此外还弹奏了舒伯特的一首即兴曲、舒曼的一首狂欢曲、肖邦的《叙事曲》《圆舞曲》《夜曲》和《谐谑曲》、列舍蒂茨基的《托斯卡纳小曲》、施特劳斯-陶西格的《人生仅此一次》、他本人的《小谐谑曲》以及李斯特的一首匈牙利狂想曲。节目表的强度与难度可见一斑。1891至1892年巡演期间的其他节目表基本属于同一类型,曲目范围相当广泛。到了1893年3月的波士顿,帕德雷夫斯基首次在节目单上添加了他的一部"巨作":《变奏与赋格曲》Op.11,而在1894至1895年间的巡演中,他则展示了勃拉姆斯的《亨德尔主题变奏曲》与《帕格尼尼主题变奏曲》。在当时,勃拉姆斯还未受到美国人的青睐。1896年1月1日,《音乐向导》(Musical Courier)的一位匿名评论家放出一支毒箭:"(帕德雷夫斯基)如同天使一般地演奏。但当他弹奏勃拉姆斯的作品时,却更像是个魔鬼,当然那只是因为他弹奏的是勃拉姆斯的乐曲。围绕亨德尔主题进行的变奏曲很有意思,显然,我是指技术层面。在勃拉姆斯的这首装饰性作品里,帕德雷夫斯基似是遵循着某种规则。他处理亨德尔主题的方法就好像是在对待海顿的赞美诗《圣安东尼》,只是没有乐队的色彩,这部作品简直不痛不痒。"我们从各种渠道获悉,帕德雷夫斯基在弹奏这部作品时并未对反复记号之间的内容进行重奏,还删去了第16、17、18、19及21变奏。然而,在展示勃拉姆斯作品的同时,帕德雷夫斯基也弹奏了许多新生作品,甚至不惜顶着得罪观众的风险。我们必须承认,他并没有像不少钢琴家那样一味追求名作以讨好大众,而是遵循了当时文化发展中的"进步"趋势。

在一片赞扬声中,也绝不缺少那些在我看来是因偏见而发出的反对声音。但有意思的是,这些人在评论的最后也并不介意添上些高度赞美帕德雷夫斯基的话语。"如果以这张节目单作为例子:巴赫的《半音幻想曲与赋格》,贝多芬的《奏鸣曲》Op.111,舒曼的《幻想曲》Op.17,舒伯特的一首即兴曲,以及肖邦与李斯特的某些作品,"马科斯·道奇(Max Deutsch)在1896年5月13日的《音乐向导》上这样写道,"你们只会发现唯一的特点印记,这个印记生动又有力,敏感而柔弱,强烈的对比无处不在。他在弹奏巴赫与贝多芬作品的时候运用了过多自由的节奏,而在诠释舒曼的音乐时却又缺少了深度。但不管怎样,他演奏出的声音、他的技巧、他的判断力(品味?)以及他个人所展现出的魅力依旧使他的演奏在不知不觉中征服了全场观众。"

我们无从得知,帕德雷夫斯基在诠释李斯特的音乐会演奏艺术时(即在其30至40岁期间),究竟作了哪些改变。我们不知道,因为帕德雷夫斯基最早的一批唱片录制于1911年,那时,他已年逾50。他的竞争对手从来都不遗余力地揭露他演奏技巧中的漏洞。无论是我们读到的,还是听到的,哪怕是 20 年之后出版的录音,所有一切似乎都向我们证实,如果要以高超的演奏技术作为评判标准,那么帕德雷夫斯基或许还不能与同龄的罗森塔尔和布索尼相提并论,甚至还不如更年老的弗拉基米尔·德·帕赫曼(Vladimir de Pachmann)。但钢琴技术并非竞技体育,一位钢琴家或是小提琴家的才华也远不是用弹奏李斯特的《鬼火》或是帕格尼尼的《无穷动》所花费的时间能够衡量的。说帕德雷夫斯基是幸运地"搭上了末班车"也好,总之,他出现在国际舞台上的时机恰到好处:1894 年,19 世纪下半叶的两位钢琴巨匠——安东·鲁宾斯坦与汉斯·冯·彪罗先后辞世,前者享年 65 岁,后者 74 岁。他们原本可以在这个舞台上继续停留十年,却忽然把这片天地留给了大批涌现的后起之秀。

帕德雷夫斯基在美国举行的第一次巡演就使得施坦威公司在此前为费鲁乔·布索尼策划的 40 场音乐会黯然失色。当时的布索尼居住在波士顿,因为生活需要,他接受了波士顿音乐学院的教师工作。布索尼相当清楚:若长此以往,他一定会被孤立于音乐舞台之外。因此在 1894 年他适时移居去了柏林,好在欧洲将自己的职业生涯推向巅峰(之后在 1910 年他又回到了美国)。与此同时,已在美国进行过演出的罗森塔尔和达尔伯特也加快了他们在欧洲的职业发展速度,剩下帕德雷夫斯基一人留在美国的舞台上所向披靡。那一时期其他的"王位争夺者"还包括埃米尔·绍尔(Emil Sauer,生于 1862 年)、亚历山大·西洛提(Alexandr Siloti,生于 1863 年)、阿尔弗莱德·瑞森瑙尔(Alfred Reisenauer,1863 年)、特雷萨·卡雷尼奥(Teresa Carreño,1853 年)、安妮特·艾西波娃(1851 年)、索菲亚·曼特(Sophie Menter,1848 年)、弗拉基米尔·德·帕赫曼(1848 年)。但其中的三位女士以及帕赫曼已经输在了年龄的起跑线上,那些二十出头的毛头小伙则羽翼未丰[戈多夫斯基(Godowsky)、列维涅(Lhevinne)、霍夫曼(Hofmann)、里斯勒(Risler)]。在三十而立的钢琴家中,帕德雷夫斯基、达尔伯特和布索尼无疑正处于黄金时期。在这个三人"执政联盟"里,帕德雷夫斯基恰好扮演了凯撒与奥古斯都的角色。

让我们来听听阿尔弗雷德·科托对于这个问题的看法。生于1877年的科托不仅是一名伟大的艺术家，还是一位敏锐的观察员。"帕德雷夫斯基在巴黎的首演给我带来了极为重要的启示，那时的我还是青年。这场演出让我见识到，当一位极具灵感的诗人，而非钢琴家以娴熟的技术掌控键盘时，在音乐这个大舞台上，我们作为演奏者的那点看似微不足道的艺术，是如何将高贵展现得淋漓尽致。因为我们太晚来到这个属于钢琴的时代，所以我们并未受到李斯特非凡才华的恩泽；卓越的鲁宾斯坦呢，他已日渐衰老，深居简出，我们只能偶尔在巴黎的舞台上见到他；普兰特（Planté）已经在蒙德马桑过起了隐居生活；天才推理家布洛唯一还能吸引的恐怕就只有年轻人了，因为他们渴望听到音乐在摆脱教条主义的手指下跃动。而就在忽然之间，一道闪电划过天边，一位传说中的伟大人物闯入了我们的心灵，点燃了我们的热情。他激情四射的演奏为作品带来了新生，而我们曾经日复一日的不懈努力只是为这些作品锦上添花而已；他高超的技艺满足了我们对一种自由、独特、新颖的艺术的欲望；他指尖的律动向我们揭示了神秘键盘的奥妙。"

美国钢琴家威廉·梅森（William Mason）是鲁宾斯坦的同龄朋友，也是李斯特在魏玛时的学生，他把1893年后的帕德雷夫斯基放置在了一个历史大环境中进行评论："在五位最杰出的钢琴家里，李斯特性格中的理智要略胜于情感；鲁宾斯坦显然易动感情，他很少能够管理自己的激动情绪。帕德雷夫斯基应当被归于情感略胜于理智的那一类，是罕见的综合体，很幸福；陶西格也基本如此；至于布洛，他很少激动，完全偏于理智。"① 这段引言是我在《卡内基音乐厅精选钢琴独奏会（1895、1920、1945 与

---

① 选自 H. C. Lahee 所著的《今日与昨日之著名钢琴家》（Famous Pianists of Today and Yesterday），波士顿，1900年。

1970音乐季)——音乐品味的变化记录》①中找到的,它是安妮·露丝·瑞奇(Anne Ruth Rich)1973年在罗切斯特大学进行的学术演讲。

帕德雷夫斯基对大众心理学显然要比布索尼精通得多,较之达尔伯特,应该也略胜一筹。他是一位伟大的"沟通者",而他对于独奏音乐会以及观众本质的思考也要远比他讲述个人经历和解释一切有关音乐会演奏技巧的理论来得有趣:"(……)举办一场独奏音乐会就好像经历一次可怕的神意裁判,无论对心理、神经还是身体都是极大的折磨。一位音乐会演奏家的所有能力都会经受极致考验。独奏会绝不是个人享受的时刻,或者用你们美国人的话来说,一次野餐。"所谓的神意裁判,是中世纪时的"上帝裁决",有火判法、水判法与十字架判法。那么,在这场音乐会演奏的神意裁判中,怎样才能让上帝站在演奏者这一边呢?"(……)我认为,观众是由无数个个人组成的庞大团体。这个集体非常原始,不为理性支配,总是依靠直觉、情感和本能来判断。观众的多少并不重要,人数越多,他们就越有集体感。这个集体能感觉到,它表达感情的对象是否喜爱它。我始终热爱这个集体,我更热爱这个集体中成百上千的个体,在如此漫长的岁月里,我正是为他们而演奏!"

就我个人的经历来说,我记得只在阿图尔·鲁宾斯坦和老年弗拉基米尔·霍洛维茨的身上找到过这种对观众的强烈的爱(我是指得到回应的爱)。在观众中,有多少人能够数清那些连帕德雷夫斯基、鲁宾斯坦或是老霍洛维茨他们自己都不会在意的错误音符呢?又有多少人能够体会到那种被爱的感觉呢?回答是可以想象的,而它的结果便是一种狂热的产生,伴随着帕德雷夫斯基、鲁宾斯坦和霍洛维茨的音乐会的狂热。它将他们的听众范围扩大到很少出入音乐厅的普通大众。在此后的章节里,

---

① Selected Piano Recitals in Carnegie Hall. The Seasons of 1895, 1920, 1945, 1970: a Record of Changing Musical Tastes

我们还会在史料基础上谈论帕德雷夫斯基作为钢琴家的特点。但在此处，我们已经可以得出这样一个结论：作为音乐会演奏家，他的个人魅力是使他能够长久立于不败之地的关键因素。

III

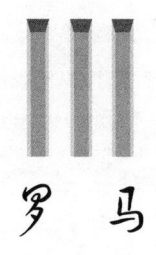

罗 马

帕德雷夫斯基和意大利的关系是:"在意大利,我一如既往地从我的观众那里收到了热情与感人的回应。虽然那时我几乎已经走遍整个欧洲大陆和美国,但 1897 年,我还是首次在意大利演奏。我的首演在罗马举行。在那里我只停留了短短数日,却受到了极为热情的款待。玛格利特女王在皇宫里亲自接见了我,我还结识了许多意大利政治家和艺术家。(和以往一样,我对政治家总是特别感兴趣。)那些日子令人高兴,从社交角度亦是如此。他们为我举行了多场宴会,为一个完美的音乐季度画上了句号。"帕德雷夫斯基如此讲述他在意大利的首次艺术之旅。有关音乐会的进展情况,他只补充了寥寥数句,却不忘对阿里戈·博伊托(Arrigo Boito)调侃一番:"他实在是个可爱的人,只是,和许多意大利人一样,他在说话时总会过度兴奋和激动。"

有关帕德雷夫斯基的意大利之行,我们在圣马蒂诺的恩里克公爵的回忆录里找到了一段更长、更详尽,也更有趣的叙述。他曾是圣切奇利亚音乐学院的院长,也是学院自 1895 年起举办的音乐季的创始人。这位瓦尔佩尔加·圣马蒂诺(San Martino di Valperga)的恩里克公爵是一位皮埃蒙特①绅士，家族历史悠久，还和女王保持着密切关系。要知道，在意大利王国的首都从都灵迁到罗马以后，女王并不信任罗马教皇身边的贵族，因为这些人总是对萨伏依家族冷眼相待，认为他们是"篡位者"，粗俗不堪。所以她——和她的丈夫与父亲一样——更偏爱皮埃蒙特的贵族。

恩里克公爵比帕德雷夫斯基小三岁，1863年出生在都灵，是位业余音乐爱好者。从热那亚大学的法律专业毕业后，他去了罗马定居。1888年，他成为当地音乐家俱乐部的主席，1891年成为股东，1892年退为副主席，1895年起担任圣切奇利亚音乐学院院长，直到五十二年后去世。此外，他还先后在文化部、罗马歌剧院和圣切奇利亚高中任过职，当过政府专员，自1911年起还成为了意大利王国的议员。帕德雷夫斯基说他"实际上是整个意大利的文艺运动领头人"。其实，在当时的意大利音乐界，出版商和经纪人的地位要比他高出许多。但这位圣马蒂诺的公爵在那个斑驳陆离的年代里代表了一股新生势力，这些人深刻地意识到了意大利在那个世纪里不断积压的文化滞后，并希望通过自己的努力重现它昔日的辉煌。

还是让我们来聆听这位音乐学院院长的叙述吧。我认为引用他全段的原文会比较合适：

1897年，一桩伟大的音乐事件照亮了我们的舞台。

大约在那之前五六年，我记得应该是1892年左右吧，我在艾克斯·雷·百恩②有幸认识了帕德雷夫斯基。

当时我刚被选为学院股东数月不久，心里一直怀揣着能够在罗马组织几场重量级音乐会的想法。

萨伏伊的这个城镇虽小，却始终阳光明媚，许多游客慕名前来享受这

---

① 皮埃蒙特：意大利的北部大区，首府为都灵。——译者注
② 艾克斯·雷·百恩：法国小镇。——译者注

罗 马

里的温泉。因为闲来无事,我也就获得了许多机会去向帕德雷夫斯基解释我的想法和计划。他以他的热情和对意大利、对罗马发自内心的深深爱恋全神贯注地听我讲完了这些煞费苦心却又看似毫无意义的事情,一边鼓励我,一边要我相信,像我们这样的一座城市绝不能缺少音乐氛围,也绝不应缺少我渴望完成的那一类活动的成功案例。

在夏天快要结束、我们即将分离之际,帕德雷夫斯基这样对我说:

"如果有一天您想要实现这个愿望,只要您需要我,给我发封电报就行,我一定会来。"

我伸出手想要表达最诚挚的谢意,却没想到自己会经受凡人难以忍受的"痛苦":当帕德雷夫斯基握住我手时,那股力量是如此强大,大到常人非得依靠极强的意志力才能忍住不叫出声来。在此后的几天里,我的那只手还一直感到酸痛。

我这样回答他:

"您是一位满怀热情的波兰人,您对我作出的承诺让我感到钦佩。而我是一位死脑筋的皮埃蒙特人,一旦认准了,就不会放弃。所以我想对您说:我决不会让这个承诺在我的眼皮底下溜走。"

就这样,五六年过去了。我没有再见到他,也没有收到关于他的任何消息。

我筹办音乐会已有两年。两年的时间让我确信,无论是我们的音乐环境还是观众素质,都已经具备了接待一位钢琴大师的能力。我想,应该是时候提醒他兑现那个承诺了。

我知道,对于我们的制度而言,一位重量级人物的参与,其本身就代表了一次巨大的成功。我也知道,如果我们的接待能使帕德雷夫斯基感到满意,那么他将会向全世界传达他对于罗马全新制度的认识。我还知道,在帕德雷夫斯基的演出后,所有之前曾经让我为难、提出过非分要求的杰出钢琴家,都会争相来到罗马,因为这座城市是帕德雷夫斯基这位遭人嫉妒的伟大艺术家取得成功的地方。

于是，在1896年的11月，我草草给帕德雷夫斯基发了封电报，提醒他那个承诺，并请求他能够兑现自己曾经说过的话。

此后的几个月里我没有得到任何回音。直到次年的1月中旬，我收到了这样一封电报：

"我有四天的空闲时间，静候你们差遣。我非常乐意前来。"

对我来说，那简直像在做梦。怀着激动的心情，我立即开始了两场音乐会的组织工作：一场钢琴独奏会定于2月3日举行，而另一场与乐队合作的交响音乐会则被安排在了2月6日。

在使用"组织"这个词语的时候，我似乎觉得不怎么恰当。事实上，帕德雷夫斯基将要举行演出的消息已在顷刻之间传遍了城市的每个角落，不需要任何布告、任何报纸文章，甚至连任何形式的广告也没用上。很快，索要音乐会入场券的人群蜂拥而至。我们花费了不少唇舌才说服他们等几天门票印刷完毕后再来。

终于到了分发门票的那一天。黑压压的人群把学院围得水泄不通。这支以男性成员为主的"部队"敲碎了走廊最前端用来抵抗入侵的玻璃隔门。人们踩踏着玻璃碎片，直冲售票处。顷刻间，所有门票被一抢而空。最后，当我们清点收款处的金额时，发现比正确的钱数还多出了170里拉。

这位音乐家在观众身上施展的魔法实在神奇。我相信其中的奥妙应该在于帕德雷夫斯基在演奏时真挚而深刻的情感吧，这种情感应该连他自己都能感受到。

在他把双手放到钢琴键盘上的那一瞬间，他的神情会立刻凝重起来，似乎是在用极度紧张的表情反映他灵魂深处的活动。

因此，一股强大的电流也就产生在艺术家和观众之间，演奏者的情感通过每一个细节敲击着观众的灵魂。

罗 马

这种神奇的情感传递不断精进,因为帕德雷夫斯基不只是一位钢琴家,更重要的是,他拥有一个充满知识的敏锐头脑。

每一个有关艺术、文学、政治的话题都能引起他的兴趣,使他兴奋。而对于每一个问题,他也都能表达自己独到的见解。毫无疑问,他是我有生之年所见过的人格最为完整的艺术家。

可以说,帕德雷夫斯基那两场音乐会所取得的反响已经不能用"热烈"来形容了——那简直就是狂热。然而在音乐会开始之前,却发生了一件让我们感到焦头烂额的意外。

这位伟大的艺术家在周游各国进行演出时总会随身携带自己的那张琴凳。琴凳中的特殊装置能够根据不同的钢琴来调节自身的高度。按照巴黎琴行寄给他、供他在罗马演奏使用的埃拉德钢琴,琴凳已经经过了精确调节。

可是,某位乐迷在强烈好奇心的驱使下走向了这张造型独特的凳子,因为疏忽不小心触碰了它,也因此改变了事先调节好的高度。

而另一边,在音乐会开始之前,帕德雷夫斯基在他的休息室里像笼中之兽一般焦躁地踱着步。在每一次演奏前,他都会被这种蔓延至全身的紧张情绪所折磨。尤其是这一回,他第一次出现在这样一群观众面前,一群要求事先目睹他"神奇"琴凳的观众。

琴凳被搬到了帕德雷夫斯基面前。他很快意识到有人动过它。在一种几近疯狂的绝望中,他将自己的头撞向了墙壁,不停地撞。康塔利尼,我的一位朋友,使尽全力阻止他,旁边还有一人也死死抓住大师的礼服,拼命将他往回拽。

就在那时我赶到了现场,终于几个人合力止住了他,逐渐让他恢复了平静。

另一场意外则发生在帕德雷夫斯基弹奏期间。当时坐在前排的斯甘巴蒂(Sgambati)不慎将手中的节目表滑落到了地上。帕德雷夫斯基执意认为，那是存心要扰乱他的演奏。他停下正在演奏的乐曲，又立刻继续弹了下去。

然而，如我之前所说，音乐会的反响已经达到了疯狂的程度：每当他奏完一首曲子，观众就会马上起立、鼓掌、欢呼并挥舞手绢，此起彼伏的喝彩更是叫人不敢相信。

帕德雷夫斯基的这场个人独奏会持续了将近三小时，在那些最狂热的观众中，还有不知疲倦鼓着掌的太后。（恩里克公爵是指 1897 年时萨伏伊王朝的玛格丽特皇后。在公爵撰写回忆录时，即 1915 年，她已是太后。——著者注）那天晚上，她在皇宫的酒店里设宴向大师致敬。

这里我想打断一下，先看看在那场音乐会上帕德雷夫斯基都演奏了哪些作品：

巴赫：《半音幻想曲与赋格》

贝多芬：《奏鸣曲》Op. 53

门德尔松：两首《无词歌》

舒曼：《狂欢节》

肖邦：《夜曲》、两首《练习曲》《前奏曲》《摇篮曲》《圆舞曲》

帕德雷夫斯基：《夜曲》

李斯特：《泉水旁》《协奏练习曲》《狂想曲》

弹完节目单上的作品大约需要 1 小时 50 分钟，如果加上 20—30 分钟的中场休息，我们就可以估算出：帕德雷夫斯基用了差不多半小时弹奏加演曲目。现在让我们继续聆听公爵的讲述：

我不知道该如何向帕德雷夫斯基表达学院对他的感激之情，于是就求助太后，恳请她向国王申请一枚荣誉勋章。我向她补充：这枚勋章只要能够承载感谢之意就好。最重要的是它能够马上颁给大师，如果要经历一系列复杂的官方手续，等到最后一切就绪时，恐怕帕德雷夫斯基早已

罗 马

离开了罗马,那么这枚勋章就会失去它应有的意义。

似乎是太后对大师如此盛情的款待给予了我勇气,让我最终开口提出了这一无礼的、连我自己都不认为可能实现的请求:在晚宴结束之际,在所有贵族阶级和罗马媒体在场之时,将那枚荣誉勋章挂到帕德雷夫斯基的胸前。

太后回应我说,她非常理解也非常欣赏我的这一想法,所以,她会尽自己最大的努力。当然,她也毫不掩饰地告诉我,这件事似乎有违一切基本规定,因此想要实现,会非常困难。

终于,在宴会行将结束之时,在我将要起立表达众人的钦佩与感激之情时,从皇室送来了一个包裹——让我千呼万唤的包裹。

这枚荣誉勋章来得正是时候,为我简短的发言添上了完美的句号。

晚宴结束后,我又在家中举办了一场小型晚会。帕德雷夫斯基在一片热情的目光中继续演奏了数小时。

翌日,他进行了另一场交响音乐会的彩排[舒曼的《协奏曲》Op. 54 和他本人的《波兰幻想曲》,指挥:艾多利·皮奈利(Ettore Pinelli)]。当天晚上,我将他带到了太后面前。

我们一行大约六七人。帕德雷夫斯基几乎连续不断地弹奏了整整三小时。太后坐在他身旁,点她喜欢的乐段。太后表现出的无尽喜悦与钦佩之情给予了帕德雷夫斯基强大的力量,就算整夜弹奏似乎也不会让他感到一丝疲倦。

交响音乐会再次复制了前一场独奏音乐会时所出现的狂热。会后,我怀着无限敬意,小心翼翼地询问帕德雷夫斯基我们应当支付给他的报酬数额。

其实我知道,以他当时的名声,一场音乐会的收入至少应该在五千到六千法郎之间。想到我们当时的经济状况,提出这样的问题着实让我感到忐忑不安。何况他当时不假思索地答应我们的演奏会要求,更让我觉得难以启齿。

帕德雷夫斯基似乎在我略微颤抖的声音里感觉到了我的为难。他对我说，只要他一想到在我们之间可能存在利益关系，哪怕是一瞬间，都会让他感到害怕。他来罗马纯粹是出于我们二人之间的友谊，出于对罗马的热爱。他想要感受这里的人们对于音乐的热情，他祝愿这一正处于成长阶段的制度能够拥有广阔的前景。因此，他不会允许自己接受任何报酬，甚至连旅费和食宿费都不愿报销。

似乎这样还不能令他感到满意。于是，他又提出把埃拉德琴行提供给他的那台钢琴作为此次音乐会的纪念赠送给学院，还将其所有的作品赠送给学院的图书馆。

学院以热烈的鼓掌与欢呼通过了选举他作为股东的提议，并赠送给他一件艺术品。当然，在他伟大的形象、慷慨的举动以及众人对他的钦佩与感激面前，这样的礼物显然微不足道。

太后问我，究竟该为帕德雷夫斯基准备些什么，才能表达她对于大师奉献的精彩之至的音乐会所怀有的感激之情。

我回答说，相信不止是任何金钱形式的报酬会让帕德雷夫斯基感到不悦，就连任何一件珍贵的礼物也会冒犯他，而我认为最可能受他喜欢的会是由奥古斯塔·索夫拉纳（Augusta Sovrana）签名的肖像画。由于太后知道学院并没有支付给大师任何报酬，有的只是一张学院股东的荣誉证书，她笑着用皮埃蒙特方言对我说：

"您真厉害！一张纸！您居然向您的皇后建议使用你们曾经用过的伎俩来应付。"

当然，她最终还是接受了我的建议，把那张裱上银质画框的肖像画赠送给了帕德雷夫斯基。

总之，众人都与帕德雷夫斯基建立起了深厚友谊。在罗马度过了短暂的四天后，他不得不启程回国。在火车站，首都最杰出的艺术家们在无限的伤感中目送着他渐渐远去。

我发现,有一个特别的细节,无论是帕德雷夫斯基,还是恩里克公爵,都没有完全客观地向我们讲述过,那就是:其实帕德雷夫斯基的意大利处女秀是在米兰的四重奏剧院进行的——就在他罗马之行的两天前,而他所使用的节目表与罗马独奏会的那张完全一样。

1901年,帕德雷夫斯基再次回到意大利,重现了五年前的辉煌。1904年,学院招待了莫里兹·罗森塔尔——一位来自利沃夫的波兰人。他是位杰出的演奏能手、大演说家,也是运气的激烈批判者。在他看来,帕德雷夫斯基似乎并不配拥有好运。当罗森塔尔第一次听到帕德雷夫斯基的演奏时,曾留下了这样一句日后的名言:"弹得不错,但那不是帕德雷夫斯基。"言下之意,现实中的帕德雷夫斯基远没有传说中描述的那样神奇。也让我们来听听恩里克公爵的评价吧:"罗森塔尔第一次来罗马时,非常担心这里的观众会拿他和帕德雷夫斯基作比较,甚至在我眼里,这种担心长期以来始终困扰着罗森塔尔(……)他害怕弹奏那些帕德雷夫斯基曾经在罗马弹奏过的曲子,害怕弹奏帕德雷夫斯基应观众要求加演的曲目;而我认为最有趣的是,他还非常在意帕德雷夫斯基获得的报酬。事实上,罗森塔尔曾经写信对我说,他决不会接受比帕德雷夫斯基更低的酬劳。但当我告诉他帕德雷夫斯基在意大利的四场音乐会后不但分文未收,还赠送给学院礼物时,他显然非常尴尬。我原本希望这样的话语能够激起他内心的竞争意识,从而给学院带来更多利益,但事实证明,我错了。"

既然我已经花了较长的篇幅来叙述一些有关帕德雷夫斯基的奇闻轶事,也不介意再多说两件。其一来自米奇斯瓦夫·霍尔绍夫斯基(Miecio Horszowski)的回忆录:"米奇斯瓦夫记得布索尼弹奏的肖邦三度音程练习曲,那无疑给他留下了极为深刻的印象——好像一道彩虹。莫里兹·罗森塔尔是这首乐曲的演奏行家。据说在一场有众多著名钢琴家前来欣赏的音乐会上,罗森塔尔在一个三度音程上出现了小失误。音乐会后,霍夫曼前去向他表示祝贺,他没有反应。列维涅同样表达了赞许,但只有当戈多夫斯基问道:'当时发生了什么状况'时,罗森塔尔才回答说:'当时我必须临时改变指法,因为帕德雷夫斯基也坐在台下,不然他一定会抄袭我的方法。'①另一桩轶事是有关帕赫曼这位奇怪人物的:"(……)在克拉科夫,正当帕赫曼在后台为演奏会作最后准备之时,一位年轻人走近了他。这位年轻人把自己创作的作品递到大师面前,想要听听大师的意见。帕赫曼赞扬了年轻人工整的字迹和他所用纸张的细腻质地。他一边把纸还给年轻人,一边说道:'这么好的纸被这么一段音乐给糟蹋了,真是可惜。'年轻人生气地走开了。妻子在一旁责备他太过残忍,并试图派人叫回那位年轻人,但为时已晚。在稍晚些时,他们打听到了那位年轻人的姓名:伊格内西·简·帕德雷夫斯基。"②就算不真,也绝对不假。

---

① 《米奇斯瓦夫·霍尔绍夫斯基回忆录》(Ricordi di Mieczyslav Horszowski),贝切·霍尔绍夫斯基·科斯塔(Bice Horszowski Costa)编著,Erga Edizioni,热那亚,2000年。

② 马克·米契尔(Mark Mitchell):《弗拉基米尔·德·帕赫曼:钢琴大师的生活与艺术》(A Piano Virtuoso's Life and Art),Indiana University Press,布鲁明顿和印第安纳波利斯,2002年。

III

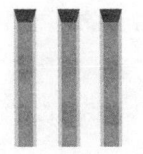

俄国与澳大利亚

　　美国的第二次巡演后,帕德雷夫斯基度过了一个"安息年"。其间,他创作了钢琴与乐队演奏的《波兰幻想曲》以及歌剧《曼鲁》(Manru)的大部分内容。还没等这部歌剧完成,生活的拮据就迫使他重新拾起累人的演奏会工作。不过,因为他在美国的第三次巡演得到了热烈反响,美元如滂沱大雨般猛烈砸下。于是,在1897年,他便可以"不用疲于奔命了"。《曼鲁》的创作被画上了句号,德累斯顿的歌剧院也接受了这部作品。在跨越了重重障碍之后,它终于在1901年登上了舞台。与此同时,帕德雷夫斯基也在继续着他的音乐会演奏家生涯。1899年,他"漂泊"到了圣彼得堡——他已阔别了二十年之久的城市,在俄国开始了漫长的巡演。

　　自帕德雷夫斯基在国外取得成功后,他就再未回到过波兰,因为……他害怕遭到扣留。"我是一位俄国臣民。作为波兰人,要得到一张出国护照,简直就难如登天(……)。我获得的最后一张护照(用我们今天的话来说就是出国签证),就是我用来去维也纳向列舍蒂茨基学习的那张,还是晚了整整四个月才拿到手的。为了得到它,我不得不求东拜西,上至国家统治者,下至地方机构。(……)带着那么多乐谱手稿,我实在无法冒险去波兰,去一个我可能会被就此扣留的地方。"就这样,他再也没有见到自己身患重病的父亲。当时他的父亲住在乌克兰的一个小城市里,房子也是儿子买给他的,也就是在那里,他度过了生命中最后的日子,直至1894年去世。"那座城市叫日托米尔(Zitomir)",帕德雷夫斯基说。事实上,一位叫里赫特的德国钢琴制造商已在那座小城定居多年,而他于1915年出世的孙子,正是日后鼎鼎大名的钢琴家斯维亚托斯拉夫·里赫特(Sviatoslav Richter)。

在去圣彼得堡的路上,帕德雷夫斯基途经华沙举办了三场音乐会,每一场音乐会都伴随着晚宴、演讲、拜访等等。此后,他在圣彼得堡举行的一场交响音乐会和三场独奏会也都取得了一如既往的巨大成功,还有一如既往的……敌意,大多来自安东·鲁宾斯坦一手创办的那所音乐学院中的同行。"在他们看来,我就是一个入侵者。这实在让我觉得讨厌,因为不论我走到哪里,只要有那些人在,他们就会立刻开始谈论鲁宾斯坦,好像是要对我宣布,在他们的眼里还没有谁能够与鲁宾斯坦相提并论。"这种可以理解的敌意却惹火了一位评论家,他用自己幽默的方式表达了对此问题的看法:"某些人想要把帕德雷夫斯基与让我们引以为豪的鲁宾斯坦进行比较,说他是鲁宾斯坦第二。其实这种说法是错误的,因为他本身就是帕德雷夫斯基第一。"

在圣彼得堡之后,帕德雷夫斯基又去了莫斯科。当地的音乐界统治者是瓦西里·萨弗诺夫(Vasily Safonov),出色的乐队指挥,却也是个不折不扣的酒鬼。帕德雷夫斯基叙述了此后萨弗诺夫在伦敦邀请他共进午餐时的情景。这位俄国指挥家,哥萨克将军的儿子(相信读者已在同一系列的《拉赫玛尼诺夫》一书中有所了解),在饭前喝了"三杯或是四杯"白兰地,在席间又饮下两瓶白葡萄酒、一瓶红酒和两瓶香槟,接着又是餐后咖啡又是四杯白兰地。"之后,他看我也很尽兴,又叫来了啤酒。我数得一清二楚,他整整喝了六大杯,开心至极!"如此海量在妓院都算数一数二了。只是正如我之前一再重复的那样,帕德雷夫斯基是一位翩翩君子。此外,因为是向一名女性口述他的自传,许多话题自然也就成了禁忌。太可惜了!不然,我们一定能获知更多关于他和萨弗诺夫的奇闻轶事。当然,在莫斯科,帕德雷夫斯基并非一帆风顺,萨弗诺夫也并不总是表现得如同朋友一般。反正,他们之间发生的口角或是纠纷在我们今天看来,已经不再重要了。

离开俄国后,帕德雷夫斯基先去了英格兰,接着在瑞士洛桑的莫尔日住了两年。他租了一套名叫利昂-博森(Riond-Bosson)的别墅,随后干脆买下,将它变成了自己的家园和避难所,一直住到1939年。1899年春,他跨越——或者更确切地说,是回避了所有自己良心制造的难题,再一次结了婚。"现在我们来到了这样一个时刻,"帕德雷夫斯基说,"一个我人生中非常艰难的时刻。因为那是我根本不愿谈起之事,不只因为它的微妙与私密性,更因为它是一桩离婚事件的结果,而我又是一个自始至终都反对离婚之人。"亡妻留给帕德雷夫斯基的儿子阿尔弗雷德自小就患上了小儿麻痹症,在当时,这种疾病很难诊治。帕德雷夫斯基一直把儿子留在岳父岳母身边,后来他征得朋友弗拉迪斯拉夫·高尔斯基的同意,由后者把儿子带回家中,让妻子海伦娜照顾。"那时高尔斯基一家住在巴黎,我是他们家的常客。在巴黎逗留期间,我天天去看儿子。我无法否认,当时的自己被高尔斯基的妻子所感动,甚至可以说是被她深深吸引。渐渐地,这种吸引就转变成了爱。我只能这么说,很简单。高尔斯基本人也察觉到了这一点,是他首先提出离婚的。"帕德雷夫斯基虽是天主教徒,却非常希望海伦娜能够解除同丈夫的婚约。"(……)在高尔斯基做出决定后不到一年,他们就办完了所有手续。于是,在1899年5月的华沙,我和海伦娜终于结为了夫妇。"

这是帕德雷夫斯基自己的叙述,而事实远要比他说的复杂。因为当时帕德雷夫斯基的自传正急于出版,因此他这般淡化甚至掩藏自己的真实情感也算情有可原。只是他和海伦娜·高尔斯基的爱情故事早在后者照顾其儿子之前就已经开始。在帕德雷夫斯基第一任妻子去世后不久，他们就开始了交往。这位高尔斯基夫人是极其美貌的女子，父亲是波兰人，母亲则来自希腊。她天资聪颖，又受过良好的教育，意志坚强，对艺术也怀有相当浓厚的兴趣。同上流社会的密切接触很快让她迷恋上了这位比她小4岁的优秀钢琴家（帕德雷夫斯基的第一任妻子也比他大4岁）。通过频繁的书信往来、交谈和散步，所谓"类似爱情的友情"便产生在了两人之间。关于80年代的故事，我先写到这里，但90年代却还没完。彼时在巴黎还居住着瑞吉尔·德·勃兰科温（Rachel de Brancovan）王妃——在帕德雷夫斯基自传中仅出现过寥寥数次的一位"要好的朋友"。她是希腊和土耳其的混血儿，两个孩子的母亲。她的父亲曾担任过土耳其驻伦敦大使，刚去世的丈夫则是罗马尼亚王子格雷戈里·德·巴萨拉巴·德·勃兰科温（Gregory de Bassaraba de Brancovan）。勃兰科温王妃不仅风姿绰约，还是巴黎各大音乐厅的女王，主宰着这位年轻波兰人的命运。

在女诗人安娜·德·诺阿耶（Anna de Noailles，瑞吉尔的女儿）的纪念仪式上，帕德雷夫斯基在提到他这位"要好的朋友"时，显得特别健谈："德·勃兰科温王妃在1888年时还非常年轻，她美丽动人，又具有艺术气质。她待人总是热情慷慨，又拥有一颗善良慈悲的心。她的优雅、她的高尚，无不散发着令人难以抗拒的魅力。此外，她还喜欢音乐、诗歌和艺术。在她家的客厅里，总能见到这个时代各领域中的杰出人物。（……）"①在1890年时，他们成为了恋人。如果我们回到刚才圣马蒂诺公爵的讲述，就可以断言，在艾克斯·雷·百恩这座小镇里，帕德雷夫斯基除了享受温泉、与这位皮埃蒙特贵族进行交谈外，还应该经常与瑞吉尔王妃泛舟湖上。

---

① "帕德雷夫斯基对安娜·德·勃兰科温的深情致礼"，《帕德雷夫斯基记录》第14册，1991年5月。

（圣马蒂诺公爵也是一位绅士，不会在他人面前揭露自己朋友的隐私。）

其实，根据公众的传言，1888年帕德雷夫斯基初到巴黎之时，曾被另一位王妃俘获——比贝斯柯王妃。她是格雷戈里·德·巴萨拉巴王子一位表兄的遗孀。我们能肯定的是，这位王妃确实为帕德雷夫斯基所倾倒：她曾给帕德雷夫斯基写去差不多上百封信件，其中的内容不言自明。唯一让人感到疑惑的是，既然我们已经证实了他和勃兰科温之间的关系，那么他又是怎样与这位王妃进行交往的呢？也许归根结底，就是所谓的"私通"吧。"帕德雷夫斯基究竟如何在两人之间周旋，只能说迄今为止仍然是个谜"。他的首席传记作者亚当·扎莫斯基（Adam Zamoyski）在如此评论时，难以掩饰自己的困惑。总之，帕德雷夫斯基做到了，而且一瞒就是六年。只是他始终都没有脱离这一"类似爱情般的友情"。瑞吉尔·德·勃兰科温的女儿安娜，也就是刚才提到的日后伟大的法国女诗人，也无法自拔地爱上了帕德雷夫斯基；而他呢，也非常乐意和欢迎她的陪伴。此外，比海伦娜·高尔斯基年轻12岁的表妹安东妮娜·祖莫瓦斯卡（Antonina Szumowska）也在1890年来到巴黎跟随帕德雷夫斯基习琴，日后出现在了音乐会演奏的国际舞台上；但关于她和帕德雷夫斯基之间的私人关系，我们却一无所知。我们只知道，当她和姐夫弗拉迪斯拉夫·高尔斯基意识到海伦娜并非阿尔弗雷德·帕德雷夫斯基[①]的看护那么简单时，便开始勾引起了自己的姐夫。最后我们要补充的是画家阿尔玛-塔德玛的女儿劳伦斯（Laurence）。帕德雷夫斯基和她之间的爱情是一生中唯一的一次精神恋爱。总之，我们是否可以说，帕德雷夫斯基应该在他的自画像里添上了略微夸张的光环？

即使没有添上光环，帕德雷夫斯基也的确将某些尖锐的线条变得圆滑了。而他第二任妻子的秘书——鲁比克（Lübke）小姐，对"光环"还不满

[①] 指帕德雷夫斯基的儿子。——译者注

意,索性编起了故事:"(帕德雷夫斯基夫人)在帕德雷夫斯基 16 岁那年就认识了他。他是她的初恋,也是唯一的爱。此后,她在 20 岁时成了别人的妻子。当他们再度重逢时,两人都已失去了自己的另一半。"[1]某些善良的妇人还真相信了这一捏造的故事。

1899—1900 音乐季之初,帕德雷夫斯基和新婚妻子去了美洲,在美国各地举办了总共不下一百场音乐会,足迹甚至还延伸到了墨西哥城。此后他们前往英格兰,在 1901 年初又去了法国南部、罗马和西班牙。最后当他到达毕尔巴鄂时,收到了儿子去世的噩耗。他的歌剧作品《曼鲁》在那年 5 月 29 日首次登上了德累斯顿的舞台,到了夏天又相继在利沃夫和克拉科夫上演,在秋天时已经到达纽约的大都会剧院,并继续在芝加哥、巴尔的摩、费城、波士顿、匹兹堡等地进行巡演。此外,它还出现在了科隆、波恩、布拉格、苏黎世、华沙、基辅以及一些中小城市的舞台上。就在《曼鲁》于美国火热上演的同时,帕德雷夫斯基完成了五十场巡回音乐会,于 1902 年在英格兰、德国和西班牙进行了演奏。"当时我的音乐生涯达到了巅峰",帕德雷夫斯基如是说。在此处我就不对他在那一时期留下足迹的地点进行一一列举了。我们只需要知道,在 1903 年时,他创作了著名的钢琴奏鸣曲 Op. 21(共三十五分钟,分为三乐章,音符密集),完成了自己早在十四年前就开始动笔构思的《变奏与赋格曲》Op. 23(同样是钢琴独奏)。此外,为纪念 1863 年的波兰大革命,他还写下了交响曲《波兰》Op. 24(五十余分钟,三乐章)。1904 年 5 月,他坐船去了马赛,从那里出发前往澳大利亚。随行人员包括他的妻子、经理人、调音师、妻子的佣人,他自己的佣人以及私人医生。经过三十五天的漫长旅程后,小"剧团"终于抵达了墨尔本。

在澳大利亚和新西兰,帕德雷夫斯基举办了多场音乐会,日进斗金。

---

[1] "秘书眼中的利昂-博森的大师",《帕德雷夫斯基记录》第 12 卷,1989 年 5 月。

尽管工作繁重，他依然忙里偷闲，享受作为游客的快乐。他认识了毛利族的一支部落，认为"他们可能来自大溪地"，还欣赏到了间歇泉——在这种能够喷射出极热水汽的泉池中，就连生鱼都能被煮熟。此外，他还在澳大利亚东南部的塔斯马尼亚岛留下了足迹。最后，他的大洋洲巡演在墨尔本音乐厅结束。据他本人所说，当时的观众有"五到六千人"。离开大洋洲后，他带着"澳大利亚的纪念品"去了旧金山。所谓的"纪念品"，是一群以库奇·罗伯特为首的鹦鹉团队。用帕德雷夫斯基的话来说，库奇·罗伯特"确实对我的演奏方式非常入迷"。

"其实，库奇·罗伯特并非只是一只简单的鹦鹉，从某种角度来说，它也能算得上一位真正的艺术家。它总是滔滔不绝，显示自己丰富的词汇量，只是那些词太过生僻。有时它确实很可爱，也非常好客。你别说，它还会经常'请客喝酒'。但如果遇上它不喜欢的人，又会用最可怕的方式、最龌龊的语言来侮辱对方(……)。有一回，我们坐车去奥克兰，把装着它的笼子放在了驾驶员后头。突然，它用异常接近人类的温柔声音叫道：'看这！快喝一杯，快喝一杯！'驾驶员立刻转过身，礼貌地回答道：'噢，谢谢！不用了，我刚喝过一杯。'"又有一次在瑞士的莫尔日，帕德雷夫斯基在练习时让这只鹦鹉爬上他的膝盖，"我脚踩踏板的动作似乎一点都不会影响它(你们知道，我踩踏板的方式是相当激烈的)(……)它会不时深情地感叹：'哦，先生！真是太好听了，太好听了！啊，真是让人感动！'"帕德雷夫斯基对有关这只鹦鹉的话题滔滔不绝。甚至还告诉我们，在他和鹦鹉之间存在着心灵感应："(……)当时我在纽约。我记得很清楚，自己整晚都在做有关库奇·罗伯特的梦。我看见了它，听到它用那搞笑、尖锐又有些生气的声音呼唤我。在梦里，这并不让我讨厌。可是不知怎的，我突然发现我的库奇·罗伯特已经死了，当时，我觉得自己的心仿佛被掏空了一般。"果不其然，就在做完那个梦的十天后，从莫尔日传来消息：可怜的库奇·罗伯特已经不在了。

III

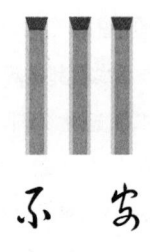

不安

正如我们所见,帕德雷夫斯基的职业生涯已经到达巅峰。他多年来不懈追逐的梦想,正在以可能获得的最辉煌的方式实现。整个世界——从美国开始,都已被他"踩在脚下"。甚至作为作曲家,因为歌剧《曼鲁》和《交响曲》的成功,他也拥有充分的理由让自己感到满足。但幸运并不总是围绕在他身边,稍不留神,就立刻与他失之交臂。

所有的一切始于一次火车出轨。当时,也就是1905年,他结束了在美国的巡演。他乘坐的那列火车在开到雪城附近时,突然发生了出轨事故。帕德雷夫斯基所在的那节车厢被压得支离破碎,他本人被狠狠地甩向一块大木板。更糟糕的是,由于过度惊吓,他差点昏死过去。"即使多年以后,我依然无法从那次灾难的阴影中恢复过来。"帕德雷夫斯基的音乐演出,从1905年4月开始,中断了一年多。俗话说,祸不单行:在此期间他又和施坦威钢琴公司发生了纠纷。在他恢复演奏活动之后,就开始使用Aeolian公司生产的钢琴了,这家公司也是韦伯钢琴的生产商。韦伯公司的乐器显然与施坦威的相差甚远,但公司派给帕德雷夫斯基的调音师却相当出色。即便帕德雷夫斯基在此后和施坦威重归于好,他依然把这名技师带在身边。

1906年,帕德雷夫斯基又在西班牙、葡萄牙和法国进行了演奏。"(……)这些演奏会并不让我感到丝毫高兴,因为某些东西让我觉得很烦躁,让我开始彻底厌恶起钢琴来。我痛恨它!我不知道究竟是什么原因让我产生了这种感觉,只是我对钢琴的反感早已不是一两天了,已持续了好几年。这种情绪自然会反应到我的演奏中,因为演奏几乎成了我的一种义务。真的,我深深感到这一点。"是心理上的满足,肉体上的疲劳,还是对自己已名不副实的担心?恐怕所有这些因素都交织在了一起。帕德雷夫斯基在自传中只是对这些事件进行了简单罗列,没有进行自我分析。他听从了一位医生的建议,在莫尔日附近买下一块小农场,如此,便回到了童年时的环境。他照看起猪马牛羊,成为了饲养员和耕种者,不再接触钢琴。但到了最后,"尽管我对钢琴的厌恶依然延续,在1907时,我还是又一次去了美国进行巡演。"

帕德雷夫斯基和神经疾病的抗争持续了好多年,他的音乐会断断续续。其间他寻访了不少名医,也尝试过许多不同的治疗方法,包括催眠术,却始终不见效果。不过在那段时间里,他发现了一种"消遣"方式。1910年,恰逢格林瓦尔德战役(又称坦能堡战役)胜利五百周年纪念。在这场战争中,波兰人打败并击退了条顿骑士团,有关亚历山大·涅夫斯基(Alexander Nevski)的故事更是流传千古。帕德雷夫斯基特地委托一名雕塑家打造了一座大型纪念碑,并在那年的7月15日于克拉科维亚举行了落成仪式。仪式上,帕德雷夫斯基在十五万名与会者面前发表了演讲。当然,1910年还具有另一个重要意义——伟大的波兰钢琴诗人肖邦诞辰百年。帕德雷夫斯基受邀前往利沃夫举行一场纪念音乐会,但他当时的状况却不允许他进行演奏。于是有人建议他以演讲者的身份出席音乐会,他欣然接受。可以说,此事与纪念碑的落成仪式是他政治生涯的开端。"在克拉科夫的那次落成仪式上展现在各位面前的作品,"他说道,

"并不是仇恨的果实,它出自对祖国深深的热爱,不仅因为它辉煌的过去,卓越的现在,也为了它灿烂美好的未来。它源于对我们的祖辈、对那些英勇的战士的敬意与感激。这些人并非为了权力或是财富而战,他们是用自己的武器为正义而奋斗。""一个国家的灵魂能够说话、演奏和唱歌,怎么做到?"帕德雷夫斯基在利沃夫的演讲上抛出了这个问题。"我们在肖邦身上就看到了这一点。(……)这位爱国天才巍然屹立,哪怕在他去世之后,这个民族的精神也从未离开过他。一个人再伟大,他也不可能脱离和超越他的民族。他犹如一颗麦穗,一朵鲜花,他是这个民族的一部分,越是强大,越是美丽,就越接近民族的心脏。肖邦不知道自己有多强大,但我们清楚,他的强大就是我们的强大,他的美丽就是我们的美丽。他与我们同在,我们也与他同在,因为在他身上,我们看到了我们自己的灵魂。"

这种有关民族的神秘主义言论,反映在政治上,就成了一种激烈的混合物。帕德雷夫斯基一定会想到舒伯特的那句比喻,果然,他毫不避讳地进行了转述:"(……)如果北面那个专制的君主知道有个敌人隐藏在肖邦的身后,隐藏在肖邦玛祖卡舞曲的旋律之中,他一定会禁止传播肖邦的音乐。肖邦的作品,就如掩藏在娇艳花朵中的一尊大炮。"[1]警察当局没有对帕德雷夫斯基的政治热情横加干涉。毕竟,无论是在克拉科夫还是利沃夫的演讲,终究都发生在波兰与奥地利的边境,而当时的奥地利根本不需要看着俄国人的脸色过活。

在利沃夫,帕德雷夫斯基弹奏了交响曲《波兰》以及歌剧《曼鲁》。他接待来自各方的代表团,参加宴会,还被大学授予了哲学学士荣誉学位。"(……)当我在纪念碑前提出爱国理念时,一些人突然把我当成了他们的领袖。这并非我的本意,我也没有意识到这点,但它确实发生了。在波

---

[1] 《评论文章》,Ricordi-Unicopli,米兰,1991 年。

兰,有那么一群人物已经赢得了公众的信任与崇敬,如今我也成了他们中的一员。我知道,那是我从事政治生涯的第一步,即使不是里程碑,也具有相当重要的意义,而之后我关于肖邦的那场演讲又为之增添了新的一笔。"

帕德雷夫斯基是第一位在政府担任要职的职业音乐家,一名憎恨钢琴的钢琴家。"我对钢琴的深恶痛绝并没有因为我从政而停止,它在1910年时依然延续,1911年也是如此。"1911年,从7月到11月,帕德雷夫斯基去南美进行了巡演,那里的气候、食物,当然还有钢琴本身,都让他痛苦不堪。1912年初,他又去了南非,情况更加糟糕。在这之前的一年里,为了波兰代表选举的事宜,帕德雷夫斯基给了俄国议会——杜马一笔钱款,却不曾想到,这笔钱竟被用作反犹太刊物出版的经费。更令他不可思议的是,在这份刊物的封面上,他居然还被冠上了创刊者的名号。于是,一场针对他的新闻运动瞬间爆发,还在1913年他于美国巡演期间上演得如火如荼。各种犹太组织陆续散发谴责、控诉帕德雷夫斯基的通知与传单,极尽讽刺之能事,比如:"你们知道吗?帕德雷夫斯基用他在美国捞到的大笔钱财来组织反对妇女、反对儿童、反对老人的活动!"或者:"帕德雷夫斯基之所以会捐助两万美元来出版《Dva Grosha》,唯一的目的就是为了在俄国展开对犹太人的屠杀(……)你们愿意帮助帕德雷夫斯基贡献另外两万元来进行这场杀戮吗?(……)还是离帕德雷夫斯基的音乐会远一点吧!犹太进步组织、雅各布·高登社团、女性组织第114号、女性组织第511号致礼。"此外,帕德雷夫斯基还收到了数封匿名的侮辱与恐吓信,以至于在他美国巡演期间,当地警方不得不出动特别卫队对他严加保护。

那年10月开始的巡演在第二年,也就是1914年的冬天被迫中断。"(……)除了所有那些麻烦,我右臂的神经炎也越发严重。它带给我的痛苦太过强烈,以至于我在演奏时不得不面临巨大的困难。我感觉到,结束巡演的那一天也许会很快到来。好吧,那个时刻降临在了西雅图。我实在无法继续演奏了,甚至连右臂都已经无法举起,那种疼痛让我难以忍受(……)"他听从了医生的建议,前往位于加利福尼亚州的帕索罗布进行了为期三周的温泉治疗,并在次年四月恢复了演奏,为他的巡演画上了句号。事实上,他对帕索罗布情有独钟,甚至还开出十万美元的高价在那里买下一块当时市价仅约两千美元的大农场。① 帕德雷夫斯基在这间农场里种下了桃树、李树、核桃树还有葡萄树……虽然他不曾说过,但在我看来,他想要营造童年乡村氛围的意图不言自明。他并没有将之作为赚钱的手段,相反……他说:"我是因为喜欢帕索罗布的农庄才把它买了下来。它是又一座金库。它是这样一座宝库,就像我之前说的那样,就是你把金银财宝放进去,但永远都不会再将它们取出来。在我的人生中,类似这样的宝库还有许多座。"好在,他还算经营有道。他用十万美元买下的这座农庄——看看他之前都做了什么生意——在四十年后被他的子嗣以五万两千美元的价格卖了出去。

---

① 请参阅罗伯特-安德烈·卢普(Robert-André Loup)著"帕德雷夫斯基在加利福尼亚"(Paderewski en Califonie),载《帕德雷夫斯基记录》第13卷,1990年5月。

III
技术……

就在帕德雷夫斯基自称演奏不如从前之时,他录制了个人的第一批唱片。1906年时,他用带有威尔特-米侬(Welte-Mignon)系统的自动钢琴进行了录音,但如果要对他的演奏发表什么评论,最好还是不要以这些录音作为依据,因为这些最初的试验品,实在难以让人觉得可靠(录音中的肖邦《谐谑曲》Op. 39,在我看来,甚至是彻头彻尾的仿制品)。相反,他在1911年至1912年间录制的那些唱片倒值得我们细细品味一番。虽然也存在着一定局限性,但至少有确切的信息可以证明它们的真实性。鉴于在他的第一批唱片和此后直到1930年的那些录音之间,人们无法察觉出细微的差别,我只好把帕德雷夫斯基在这段时期内录制的几乎所有作品进行一一罗列。

马尔威·布里曾经写下一本名为《列舍蒂茨基方法基础论》的论文集,其英文翻译版①在附录里添加了帕德雷夫斯基的一篇名为《钢琴学习实用指南》②的文章。在帕德雷夫斯基看来,"钢琴演奏的关键因素在于

---

① The University Society Inc.出版,纽约,1913年,现为Dover Publications Inc.出版,纽约长岛,1997年。
② 书名原文:Pratical Hints on Piano Study。

技巧,但这个简单的词却囊括了所有概念。不像许多人错误认为的那样,技巧不单指灵活,还包括了触键、节奏精度以及踏板的运用。我把所有这些方面的组合称之为技术配备"。他说得没错。然而,他所提出的被许多人"错误"地当作技术全部的灵活性,却是他众多竞争对手用来攻击他弱点的筹码,而有关触键、节奏以及踏板的知识倒是得到了普遍的认可。关于这一点,在此我想开始一段学术探讨,它会涉及几个传统的方面:敏捷(五音、音阶、琶音)、双音、八度音与和弦,以及复调。

所谓敏捷,即教父车尔尼所说的手指的灵敏程度,通常会从声音的角度分为三类:天鹅绒般柔软的、珍珠般光滑的和钻石般辉煌的。我想补充的是,前两者,也就是"天鹅绒般柔软的"以及"珍珠般光滑的"都是带有装饰性的;而最后一种"钻石般辉煌的"则是为了起到戏剧性的效果。在"珍珠般光滑的"这一方面,帕德雷夫斯基堪称专家。即便是在高速的演奏中,他也能保持声音如歌、热烈及强大的感染力。读者只要听过他演奏的李斯特的《轻盈》(录制于1912年),就会明白帕德雷夫斯基在这一领域少有对手的原因。至于"天鹅绒般柔软的",或许那是帕德雷夫斯基的音色调色板中所缺少的颜色,肖邦《练习曲》Op. 25 no. 1 与 no. 2 就是最好的例子。在他对这部作品的演绎中,每个声音都清晰可辨,哪怕是那些肖邦标注了小音符的地方——那些启发舒曼联想到风弦琴的音符:"人们会想到一把能弹出全部音阶的风弦琴,会想到艺术家在弹奏奇妙的阿拉伯风格乐曲时,他的一只手拂过它全部的音阶。如此,人们总能听见一种沉重的声响和一个更高的、有如甜美歌唱般的声音,他的(肖邦的)演奏方法自然也会浮现眼前。(……)如果有谁认为他是要让人辨别出小音符中的每一个声音,那就大错特错了。"[①]

在实现"珍珠般光滑"的声音时,帕德雷夫斯基总是力求达到速度的

---

① 《评论文章》,Ricordi-Unicopli,米兰,1991 年。

技术……

极限,无论手指并拢还是张开,我们都不会感到明显的差别。(读者可以参考他在1922年录制的肖邦《摇篮曲》第39至46小节以及1928年录制的李斯特《钟》第87至93小节的演奏。在手指跨度范围极大的情况下,要想做到高速弹奏是极其不易的。)与之相反的是,"钻石般辉煌的"、富有戏剧效果的音色迫使帕德雷夫斯基在19世纪传统演奏方法的基础上减慢演奏速度,但同时又不对每一个单独的声音进行特别强调。就这一点,大家可以在他1928年录制的肖邦《练习曲》Op. 10 no. 12以及1923年录制的《练习曲》Op. 25 no. 11中分别体会到他左手与右手的敏捷性。尤其是在1923年的那首《练习曲》里,图画中的上层部分始终显现,下层却时有时无。至于音阶与珍珠般的琶音,帕德雷夫斯基总能完美演绎,只需聆听他在1922年录制的李斯特《第十匈牙利狂想曲》开始部分的琶音以及1912年他演奏自己创作的《小步舞曲》结尾部分中用双手奏出的琶音,读者就可略知一二了。

关于双音,在帕德雷夫斯基录制的唱片中并不多见,在他1923年录制的肖邦《练习曲》Op. 25 no. 6中,他的速度不快,相当从容。如果从炫技的角度来看,罗森塔尔与列维涅要远超于他,但我们绝不能因此就认为他会感到步履艰难。事实上,他对这首乐曲的演奏极富诗意,其技术也完全符合了演奏者为这部作品所刻意选择的美学风格。在1912年录制的肖邦《练习曲》Op. 10 no. 3中,双音片段同样从容——尽管仍然不及帕赫曼。让人瞠目结舌的双音出现在他于同年录制的肖邦《练习曲》Op. 10 no. 7中,明朗、清晰,富于精湛的技巧。在这首作品中,帕德雷夫斯基去掉了倒数第3小节中的左手和弦。我相信此举的目的一定是为了用双手弹奏原本被肖邦指派给右手独奏的部分,以此避开困难。在一些人看来,这一改动是不可饶恕的,而另一些人则认为情有可原。关于这一点,我只能说,希望读者能够和我一样宽容吧。

说到八度音与和弦,无论是重复的和弦还是连续的和弦,都是帕德雷

65

夫斯基的致命弱点，这或许也是他从不敢直面柴科夫斯基《协奏曲》Op. 23 的真正原因吧。要知道，这首作品已经成为对他那一代钢琴演奏家的真正考验。只能说，作为一名音乐家，帕德雷夫斯基非常精明，他懂得保护自己，避开那些他人容易掉入的陷阱。我们不妨来听听他在 1911 年录制的肖邦《波兰舞曲》Op. 40 no. 1 中的第 5 小节。此处，如果演复者要在极短的时间内完成重复十六分音符的三连音，他就必须以极快的速度振动前臂（大约每秒八个音，这一极限对某些人——比如霍夫曼以及霍洛维茨——还勉强可行，但并非所有人都能达到）。此处的和弦同样让人无所适从，因为它需要用到左手的四个手指与右手的三个手指。帕德雷夫斯基非常巧妙地解决了这一难题。他将三连音的弹奏略微提前了零点几秒，即缩短弹奏前一个音符的时间。这一提前使他得以在每秒振动六次手臂，从而征服这一部分的技术困难。他以同样的方法处理了第二与第四小节中的三连音。当然，这些三连音要简单得多，不会给准确的演奏制造麻烦。只是，如果他不采取这样的办法，那么在这两个小节中就会形成一种固定模式，观众就很容易察觉出他对第五小节进行的调整。我们除了脱帽向他致敬外，已别无他言。

如果在一首作品中出现连续的快速八度音阶，帕德雷夫斯基通常的做法是将节奏稍稍变慢一些，使画面的上层部分"更富有旋律"，有时还会将最后一个八度弹为琶音。这种方法在大多数情况下都能为他化解危机，只有一次例外，那是肖邦《练习曲》Op. 10 no. 5 倒数第 3 小节中的八度音。肖邦原本标示的节奏需要手臂在一秒之内连续振动十一次，这对任何人来说都是天方夜谭，而且从音乐本身的性质来看，演奏者也很难优雅从容地避开这一难题。只是无可否认，既然大家已经站在了同一起跑线上，那么谁最接近规定的时间，谁就能赢得比赛的胜利。帕德雷夫斯基在 1928 年录制的这首乐曲，无疑是在和其他对手的竞争中占据了上风。

然而，我们很自然地产生了这样的疑问：在帕德雷夫斯基的右臂患上神经炎以前,他指下的八度音是否更加闪耀夺目呢?对于这样一位并不具备演奏非凡八度音素质的钢琴家来说,在1888年于巴黎进行的首演中,就选择了李斯特的《第六匈牙利狂想曲》(该作品对八度音演奏技巧考验极大),实属不易。只是,正如我之前所言,由于我们并不了解19世纪90年代的那位帕德雷夫斯基,因此,无法对我们的英雄作出一个全面评价。至于八度音,即使是他曾经录过的那首舒伯特-李斯特的《魔王》,也没有给我们留下太多的信息。我们只知道,在这首作品中,他用中速演奏了八度音,但有关速度与音色之间的关系,我们知之甚少。而在肖邦《波兰舞曲》Op.53的中段,他清晰、从容地演奏了八度音,所使用的速度也未超出作者标示的"Maestoso"(庄严的;用作速度标记表示慢于行板。——译者注)的界限。

在布里论文集附录中的文章里,当谈到复调技术时,帕德雷夫斯基推荐了巴赫的作品。在他的曲目总表中,我们只找到了一首巴赫的乐曲:《半音幻想曲与赋格》,但我们应该可以想象,他一定对巴赫《古钢琴曲集》中的全部作品进行过细致的苦心研究。"每一位钢琴演奏家都应该弹奏巴赫的作品,"帕德雷夫斯基在自传中这样写道,"若没有研究过巴赫,他就不能被称为真正的钢琴家。尤其是巴赫那独具一格的复调风格,为钢琴艺术的技巧发展作出了不可磨灭的贡献。钢琴艺术是一门伟大的艺术,它把人类思想的绮丽与复调音乐的精致结合在了一起。毫无疑问,巴赫正是这方面最权威的专家。"当帕德雷夫斯基用两手分别弹奏两条旋律时,他对复调的掌控已显而易见(比如1912年录制的肖邦《练习曲》Op. 25 no.7),而当旋律声部与伴奏声部都只由一手来完成时,这一掌控似乎就不那么强势了。(比如同年录制的肖邦《练习曲》Op. 10 no.3。1906年的钢琴纸卷向我们证实了演奏的风格特征。)在某些情况下,如刚才提到的肖邦《练习曲》,使旋律稍突出于伴奏可被视作某种刻意的风格选择。但在另一些时候,如他于1912年录制的鲁宾斯坦《圆舞曲—狂想曲》——

撇开演奏本身的幽默与魅力——帕德雷夫斯基只是通过对主调节奏进行的细微调整就轻松跨越了这个障碍。(阿图尔·鲁宾斯坦也曾录制过这首乐曲。从美学角度来看,不如帕德雷夫斯基的版本那样丰富,但在技术上却无懈可击。)如果要从广义上说,我们还可以把不同音色的叠加归于复调技术的范畴。帕德雷夫斯基曾精彩地演绎过德彪西的前奏曲《帆》(1930年录制)。在那次演奏中,他同时创造出了三种不同的音色,有时甚至达到四种;此外,低声部阴森的降B调还让人不由自主地想到了船体猛烈撞击水面的情形。

　　总之,作为结论,我们从未在帕德雷夫斯基身上找到过罗森塔尔、布索尼、拉赫玛尼诺夫、列维涅或是霍夫曼那般挑战精湛技艺的执著与勇气。从技术的角度来说,他并非天才,但他深知如何保持目的与结果间的平衡。大家叫他"金钱雷夫斯基",也许是因为对音乐会的过度热情——我们从圣马蒂诺公爵那里了解到,他是一个极度神经质的人——让他有时失去了理智;但在唱片中,他从来都是无懈可击的。在科托的唱片里,随便弹错或是马虎漏去音符简直是家常便饭(当然不能因此否认他是有史以来最伟大的钢琴家之一),而在帕德雷夫斯基的专辑中,弹错的音符极为罕见。在其自传里,他曾抱怨演奏家的命运,认为他们每天都得被迫进行令人痛苦的训练,不仅在音乐上,还在技术上。在布里论文集附录的文章里,他也表示每天一小时的机械训练是极为必要的。我之前说,他并非钢琴演奏的天才,也许,他还会为自己无法征服一些难度极高的乐段感到羞愧。哈罗尔德·鲍尔曾经讲述了一段轶事,尽管有些夸张,却清晰地展示了帕德雷夫斯基令人敬佩的职业道德:"记得有一天上午,我去帕德雷夫斯基家拜访他。当时他正在苦练贝多芬《奏鸣曲》Op. 31 no. 3 中用左手弹奏的一个片段,而这个片段他可能已在音乐会上弹奏了不下百遍。'大师,'我毕恭毕敬地向他问道:'所有人都想简化这个乐段,况且您都已经弹得那么好了,为什么还要花费如此的精力呢?'他愤怒地看了我一眼,说道:'我对它进行研究,是为了让我自己感到满意!'只是,当他在对我说话时,我发现他的脸色苍白,精神憔悴。他真觉得有必要如此吗?我想了很久,却始终得不到答案。"帕德雷夫斯基认真又谨慎。每当他坐在观众面前,总是成竹于胸。虽然他不具备精湛的技艺,但他所掌握的众多技法却足够为他赢得神意裁判的最终胜利。

III

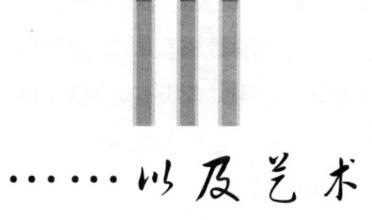

……以及艺术

  对于波兰以及整个世界来说,帕德雷夫斯基宛如肖邦的化身,就连他所录制的唱片大部分也都是肖邦的作品。但不同于在他之前的陶西格和帕赫曼,也相异于在他之后的科托与阿图尔·鲁宾斯坦,他从未将肖邦的名声作为自己成功的砝码。他从未完整地弹奏过肖邦的所有协奏曲,也很少举办肖邦专场独奏音乐会。他曾经录制的肖邦的两首乐曲、海顿的《F小调变奏曲》以及莫扎特的《A小调回旋曲》,一度被指责为"将古典主义作品过度浪漫化"。而如今,许多文献学家却认为,它们比20世纪新古典主义时期的许多演奏更符合巴洛克及古典音乐的"真正演奏风格"。帕德雷夫斯基在自传中提到,在1910年,约阿希姆曾热烈赞扬他对贝多芬作品的演奏:"(……)我弹奏了贝多芬的《奏鸣曲》Op. 111。让我高兴的是,我从约阿希姆口中听到了恭维的赞赏,他是世界上公认的贝多芬音乐研究专家。'您知道吗,'他对我说,'您弹奏的这首贝多芬《奏鸣曲》,对我来说简直是个天大的惊喜。我从未听到有谁能像您这样弹奏这首曲子,从来没有。'"让我们再来听听科托的评论:"(……)我指的不仅是他对于肖邦作品的研究——那些自然已经成为了神话。我所说的还包括他演奏的其他音乐家的作品,贝多芬的、舒曼的、巴赫的。那些演奏令人无法忘怀,直到多年后的今天,依然让人记忆犹新。尤其值得一提的是他弹奏的那首《半音幻想曲与赋格》,它让我在心里留下了对天才帕德雷夫斯基的最深印象,他简直是一名巫师,一位音乐诗人。"

美国钢琴家威廉·梅森的话同样吸引着我:"多年前,在小提琴家阿道夫·布罗斯基(Adolf Brodsky)的陪伴下,我聆听了帕德雷夫斯基在这座城市(纽约)举办的众多独奏音乐会中的一场。在听完他演奏的巴赫与贝多芬作品后,布罗斯基对我说:'他用最精致的方式——呈现了所有细节。细腻而敏锐的洞察力使他的演奏听起来既周密精确又富于艺术感。'我完全同意布罗斯基的说法,还突然将帕德雷夫斯基与莫舍勒斯(Moscheles)联想到了一起:同样冷静的演奏姿势,同样强烈的情感表达。(……)与莫舍勒斯一样,无论在脑海中的构思还是在现实中的演奏,帕德雷夫斯基对每一个音符的处理都谨小慎微。他强调它们作为个体的重要性,也重视它们作为整体的协调性。"①最后,我想引用涅高兹(Neuhaus)的两段评论:"(……)比起布索尼的演奏,帕德雷夫斯基的贝多芬《C大调奏鸣曲》Op. 53给我留下了更深刻的印象——尽管当时帕德雷夫斯基在叶卡捷琳娜斯拉夫使用的是非常糟糕的肯托波夫钢琴,而布索尼在柏林弹奏的则是制作精良的贝希斯坦钢琴。(……)当里赫特还是个学生的时候,他就弹奏了这首《奏鸣曲》(Op. 110)(……)俨然一位杰出的音乐大师,(……)只是他缺少了一种演奏魅力,而这种魅力在索佛尼兹基(Sofronitzki)的演奏——或者再往前追溯——在帕德雷夫斯基的演奏中是随处可见的。"②

在帕德雷夫斯基的曲目总表中,贝多芬的奏鸣曲数量高达十三首。

---

① 《一段音乐人生的回忆》(Memories of a Musical Life),纽约,1901 年。现由 Da Capo Press 出版,纽约,1970 年。

② 《思考、回忆与日记》(Riflessioni, memorie, diari),瓦列里·沃斯克博尼科夫(Valerij Voskobojnikov)编著,Sellerio editore 出版,巴勒莫,2002 年。

这实在不是一个小数目！只可惜在他录制的唱片中，我们只能听到《奏鸣曲》Op. 27 no. 2。单凭这一首乐曲，我们无法对帕德雷夫斯基所演奏的贝多芬作品进行全面的评价。不过这首"月光"本身仍值得我们细细品味。在第一乐章中，帕德雷夫斯基不时制造出"敲钟"的声响，或许他是为了向人们显示，对于节奏的微调其实并不能被算作恶习，相反，它只是演奏者从演奏感染力的角度出发而刻意作出的选择。到了第二乐章，我们又会发现，帕德雷夫斯基在整个结构中最为关键的两处地方采取了"渐慢的"节奏，又在三声中部里特别强调了切分音的效果。我们自以为可以摸清帕德雷夫斯基的演奏模式，最终却只能无功而返。不过，约瑟夫·约阿希姆的评论倒是相当在理。他认为，帕德雷夫斯基的这种方法并不是所谓的"自由节奏"，而是一种"美声意义上的延长符号"。[①] 帕德雷夫斯基演奏的贝多芬作品——还有拉赫玛尼诺夫的演绎——没能保留到今天，着实是我们的一大遗憾。然而即使没有它们的存在，我们也可以在帕德雷夫斯基身上捕捉到那个曾经努力演绎贝多芬作品的演奏家身影。

在帕德雷夫斯基的曲目总表中，我们很少看到贝多芬时代以前的作曲家作品，浪漫主义音乐占据了总表中的重要地位，当代作品也不少，虽然在以帕德雷夫斯基为始的当代作曲家中，并非所有人都通过了时间的考验。比如弗里德里克·考文（Frederic Cowen，1852—1935）、亚历山大·麦肯齐（Alexander Mackenzie，1847—1935）和西格斯穆德·史托考夫斯基（Sigismund Stojowski，1869—1946），就没有在历史上留下太多故事。帕德雷夫斯基演奏他们作品的决心——不是简单的乐段，而是钢琴与乐队共同完成的巨著——无疑向我们展示了他的求知欲和职业道德。此外，我们还可以肯定，他早在 20 世纪初就开始演奏德彪西的《水中倒影》

[①] 《贝多芬三十二首奏鸣曲及其演绎》（Beethovens 32 Klaviersonaten und ihre Interpreten），Fischer Taschenbuch Verlag 出版，美因河畔法兰克福，1975 年。

以及席曼诺夫斯基(Szymanowski)的两首作品。当然,席曼诺夫斯基这位后起之秀,曾一度把帕德雷夫斯基的交响曲定义为"找不到侮辱之语来形容的恶心作品"。

总之,在浏览了帕德雷夫斯基的曲目总表以及音乐会节目单后,我们所能得出的结论是:尽管他的出现总能引起狂热,他却没有成为这种狂热的受害者,他时刻保持着自己作为一名艺术家和文化传播者的清醒头脑。或许,有人会指责他太过感伤或矫情,但在流传至今的那些唱片中,于我看来,他只在一首作品中放纵过自己的情感——1930年录制的肖邦《夜曲》No.9 no.2。一直以来,先于主旋律的低声部伴奏以及和弦琶音被认为是其感伤主义的风格特征。其实这些理论早已过时,根本是20世纪新古典主义的品位,已经遭到历史文献研究的否决。关于和弦琶音的理论,我们能在1839年出版的《车尔尼的方法》中找到整整一章节的相关内容。先于主旋律的低声部伴奏,也是一种演奏的风格技巧,就像是在乐队中让大提琴与巴松管齐奏出声一样,其目的是为了让人们清楚地听到低声部的伴奏,一些德国的评论家曾不恰当地将这种伴奏称为"对位旋律"。帕德雷夫斯基对音响作了刻意安排,使其在主旋律中达到高潮。就如我之前所说,他对那些严格说来可被视为"装饰性"的声音进行了"旋律化"。只是他很小心,打造出的作品从不会是雕像,而是浮雕。

对tempo rubato(自由速度)的滥用是帕德雷夫斯基演奏风格中最遭人诟病之处。这个词语在18与19世纪之交的乐曲中经常出现,甚至在肖邦年轻时的作品中也露过脸。所谓的自由速度,是指演奏者将某个片段中"夺取"的时间在另一个片段里给以"补偿"。这种现象在帕德雷夫斯基的演奏中屡见不鲜,比如在肖邦的《夜曲》Op.37 no.2中,他就明显采用了这种方法(这首乐曲的演奏,只留存在1905年录制的一张唱片中)。然而,无论是那些评论家还是帕德雷夫斯基自己,他们所指的"自由速度"并未局限在对原作的研究,而是关乎具体的实践。它渐渐成为了一种演奏原则，或者更确切地说，更像是一种表达技巧。我曾提到，帕德雷夫斯基是浪漫主义表达风格的忠实拥护者。要知道，在19世纪末、20世纪初时，这种风格已完全不符合先锋作曲家的文艺思想（只需想想拉威尔标注的那些"别慢下来"，或是萨蒂那些好笑的违反修辞的标注）。我认为，我们或许有必要在和弦的延展与自由速度的发展之间进行一次比较。在理论家达尼·哥特洛·第尔克（Daniel Gottlob Türk）把"自由速度"定义为"装饰"的时代（他的这篇论文写于1789年），减七和弦及九和弦还并未像在19世纪末时那样被普遍使用。在第尔克时代极为罕见的事物在帕德雷夫斯基的作品里却司空见惯，就好像在和弦方面，被瓦格纳奉为女神的减七和弦激起了德彪西寻求新表达方法的愿望。帕德雷夫斯基的表达似乎有些模仿主义。不管怎样，他的风格符合了当时的文化背景，就像作为新时代第一位演奏者的巴克豪斯，他的风格虽不同于帕德雷夫斯基，却合乎时代精神。总之，在我看来，今时今日我们讨论的这些话题都已过时，而我之所以在这里提到它们，是因为弥漫于钢琴家或是评论家之间的学院风气依然没有完全散去。

正如我在之前章节里说过的那样，威廉·梅森曾把帕德雷夫斯基归于情感略胜于理智的那一类型。帕德雷夫斯基用情感打动观众，但这样的情感是他长时间精心酝酿的成果。我突然又想到把达尔伯特与理查德·施特劳斯，把布索尼与古斯塔夫·马勒（Gustav Mahler），把帕德雷夫斯基与贾科莫·普契尼（Giacomo Puccini）分别进行比较。任何研究过普契尼歌剧作品的人都会发现，他所表达的各种痛苦是植根于音乐的，而与此同时，这些痛苦也是创作者经过细心揣摩的结果。总之，如果帕德雷夫斯基曾经录下过更多的唱片，如果他曾录入唱片的音乐风格更广，或许我们也就能对他作出更为细致的评价。但不管怎样，我们始终都能在他的演奏中找到促使观众对他顶礼膜拜的原因，至于那些戴着有色眼镜的评论家，我们就暂且将他们搁在一边吧。

从"一战"到"二战"

帕德雷夫斯基自传的最后一章讲述了为庆祝他本人命名日而举行的一场活动,那是在1914年7月31日的莫尔日。当天有四十多位宾客出席,活动包括丰盛的午餐、热烈的晚宴、祝酒、演讲,还有最后绽放的呈中国巨龙形状的灿烂礼花……奇怪的是,所有前来参加晚宴的瑞士客人无一例外地带上了各自的手提行李。突然,电话铃声响起,其中的一位瑞士人被叫去接听电话。当他再次返回时,向其他人点了点头。于是,所有人立刻回到屋里,换上了他们放在行李箱中的军装。帕德雷夫斯基终于亲眼目睹"动员"二字在瑞士究竟所为何意。他知道,战争已经爆发。"第二天清晨,"帕德雷夫斯基说,"我很早就独自出门去了火车站。在那里我看到了莫拉科斯兄弟,也就是我住在莫尔日的瑞士朋友,他们都身着军装,负责巡视火车站。之后我又去了邮局,遇到了另一位朋友古斯塔夫·多莱(Gustave Doret)。他也身着制服,承担邮局和电报局的保卫工作。我们互相打了招呼,除此之外,别无他言。1914年8月1日,或许是个命中注定的日子。"读完这几行字,再把目光往下移数十行,我们就看到了"卷终"二字。在后一页,写着"后续回忆录正在准备中"。只是自那以后,帕德雷夫斯基再未向他信任的玛丽·劳顿(Mary

Lawton)口述过任何东西。

无需猜测,我们应该能够明白,1914年8月1日对于波兰这个国家而言,意味着怎样一个特殊时刻:战争或许能够改变它的现状,使它向期待已久的独立与自主方向发展。那么,它所谓的"现状"又是如何呢?在经历了1772年、1793年以及1795年三次瓜分之后,波兰王国已经支离破碎,它的一部分国土分别被并入了俄国、普鲁士以及奥地利的地理版图。如今,普鲁士与奥地利结盟,对抗与法国、英国结盟的俄国。如果说战争以俄国的胜利而结束,那么波兰就大可收回原本割让给普鲁士和奥地利的领土;反之,若同盟国取得胜利,那就该由俄国归还他们曾经侵占的波兰领土。因此,极有可能出现两种情况:以华沙为首都的俄国式波兰,或者,以克拉科夫为首都的德国式波兰。当然,如果波兰在战争期间采取隔岸观火的态度,那么他们在战后也势必无权过问和平谈判的任何进程。因此对他们来说,这是一起不幸的事件,因为他们必须选择站在一方或是另一方。

加入了社会党的约泽夫·毕苏斯基将军在1900年因参与刺杀俄国沙皇亚历山大三世而被捕,流放到了西伯利亚。显然,他坚定地站在了同盟国一边,带领了一支约两万人的军队投奔普鲁士。1915年8月,波兰原俄国地带被德国占领。1916年11月5日,奥地利宣布它与德国愿使波兰成为独立的国家,并批准毕苏斯基成为国家临时政府的总统。帕德雷夫斯基自然不可能站在俄国这一边,因为他深知波兰民族对于沙皇、对于俄国的血海深仇。因此,他选择了法国与英国,并从1915年4月开始支持美国。在短短三年时间内,他在美国募集到了巨额资金,组织建立起各种委员会。他在电报开销上投入了大笔费用(三十万美金),举行了不计其数的演讲、音乐会以及音乐演讲会,还在加拿大训练起一支22700人的波兰远征军。他的妻子则全心投入于医疗救助与白十字会的组建中。帕德雷夫斯基得到了美国总统威尔逊的大力支持。当时威尔逊的总统任期应该到1916年结束,但此后他再次当选。他在参议院多次提出波兰的重建问题,甚至把波兰的独立与自由(包括领海)列为1917年和平十四条协议中的一条。也正是在那一年的4月,美国正式向德国与奥匈宣战。1917年3月29日,沙皇政权倒台,俄国临时政府总理亚历山大·弗多洛维奇·克伦斯基承认了波兰自由独立的权利。之后,十月革命将布尔什维克党人推上了权力宝座,而1918年布尔什维克政府在布雷斯特-立托夫斯克与德国签订的协议成功地使俄国在战争中全身而退。到了1918年11月11日,随着同盟国的战败,似乎所有的谜团都被解开。一个强大团结的波兰由此诞生,它不仅在西面遏制了德国的扩张之势,还在东面阻止了俄国的进犯。

从美国归来的帕德雷夫斯基搭乘英国战船回到了格但斯克,俨然成为了协约国的代理人。当时的协约国阵营突然失去了俄国,却又意外迎来了意大利的加盟。当然,对于帕德雷夫斯基而言,那仍然是一个艰难的时刻,因为整个波兰依旧处于德国的掌控之中。他就好像走在一片布满地雷的危险区域,却又非常清楚自己应当如何脱离险境。离开格但斯克后,他先后去了波兹南与华沙。在华沙,国家元首毕苏斯基将组建政府的任务交给了他。帕德雷夫斯基尝试组建国家内阁,却以失败告终。1919年1月17日,他成为了一个右翼政府的总理与外交部长。1月30日,帕德雷夫斯基政府得到了美国官方的承认,之后又在2月13日、2月25日以及2月27日分别受到法国、英国与意大利的承认。4月2日,帕德雷夫斯基以波兰代表团团长的身份抵达巴黎,参加和平会议。

波兰的重建工作要远比想象中的艰难。成型于1772年的政治边境线并未与种族界限完全吻合。当时,波兰的西边有大量德国移民,波兰本土有众多移民迁往乌克兰,至于波兰的东面则到处是俄国移民。此外,协约国还必须考虑到经济地理的因素;因为他们知道,如果不把一片矿物资源相对丰富的区域分给捷克斯洛伐克,那么这个新生的国家极有可能会因为经济上的巨大损耗而迅速灭亡。另一个不容忽视的问题是：一方面，波兰的大片国土应当享受海上自由；而另一方面，格但斯克的多数居民是德国人。1772年时，立陶宛连同其海上领域一同被并入了波兰王国，而如今就连这个国家也提出了独立的要求。与此同时，人们又如何回避波多利亚——这个以俄国人居多的乌克兰小村庄与俄国之间的归属关系？如果读者想要收集这方面的资料，那么我建议大家翻阅玛格丽特·麦克米伦（Margaret MacMillan）的《巴黎1919：改变世界的六个月》（Parigi 1919. Sei mesi che cambiarono il mondo）①，尤其是书中"波兰的重生"这一章节，它会向我们讲述，在当时混沌复杂的境况中，帕德雷夫斯基是如何从一位爱国者转变为一名外交官的。

在《凡尔赛和约》谈判与签署的那几个月里，帕德雷夫斯基东奔西走，却始终无法洞穿所谓"现实政治"的秘密。因此，当他最后在《和平协议》上签下名字时，不仅让波兰人民大失所望，他的个人名誉也因此遭到了重创。回到华沙后，他意识到自己所领导的这个政府已经不堪一击、风雨飘摇：对外，得不到公众舆论的支持；对内，经济部门的各位官员产生严重的意见分歧，无法就农业改革等一系列重大问题达成共识。在多名部长递交辞呈后，内阁于12月4日宣布解散。虽然毕苏斯基把艰巨的任务再次交给帕德雷夫斯基，但此时的他已失去了一些政党的支持。终于，在12月10日，他放弃了这项任务。怀着极度愤慨的心情，他再次回到了莫尔日的别墅里。

1920年夏，俄国红军袭击了波多利亚，但为毕苏斯基所退。毕苏斯基借机扩大了自己的政治影响力。帕德雷夫斯基虽身在国外，却时刻准备为遭受侵略的祖国赴汤蹈火。此时的他被任命为大使会议的代表，结束

---

① 意大利语版：安娜·玛丽亚·肖利（Anna Maria Sioli）翻译，Arnoldo Mondadori Editore 出版，米兰，2006年。

凡尔赛会议的收尾工作。之后，他成为了波兰驻联合国代表。在1920年12月14日与1921年5月7日，他分别辞去了这两项职务，由此，他的政治生涯正式画上了句号。

坦白说，我并非这一领域的专家，因此无法就帕德雷夫斯基所进行的一切政治活动作出全面评价。当然，在我看来，他是一位理想主义者，也并非为政治而生。他的所言所想、所作所为都只是出于道德考虑，而决非为了调解利益之争。他的传记作者，同时也是他的好友亨瑞克·欧皮恩斯基（Henryk Opienski）如此评价他的政治活动："波兰的一些政党虽然还具有一定影响力，但它们却不知如何运用，甚至如何赞扬帕德雷夫斯基伟大的道德上的信仰。要知道，正是凭借着这一信仰，波兰才得到了兄弟国的支持，在战后几年享受到了政治与经济的诸多好处。"扎莫斯基准确深刻的分析同时向我们表明，帕德雷夫斯基的爱国精神虽受到整个世界的认可与赞扬，但在波兰，一山难容二虎——毕苏斯基用政变和经过伪装的独裁统治了整个国家。

结束了政治生涯后，帕德雷夫斯基不得不转而面对他个人的经济问题。在莫尔日贵族一般的生活——成群的佣人、来往的宾客、盛大的聚会等等——使帕德雷夫斯基的财产正在慢慢干涸。此外，在1915至1918年间，帕德雷夫斯基又为不计其数的音乐会以及其他一系列的爱国运动慷慨解囊。从1919年开始，他失去了所有收入来源。他回到美国，在帕索罗布的牧场度过了一段假期，随后在1922年5月重新触摸了他阔别已久的钢琴键盘。他知道，一切还为时不晚。如此，那年的11月22日，他再次出现在了卡内基音乐大厅里，举办了自己的个人独奏会。如同1891年的那场一样，门票在短时间内被一抢而空。

在扎莫斯基提供的一封未曾发表的信件里，我们看到帕雷夫斯基这样写道："我认为自己弹奏得比以往任何时刻都要出色。"那一晚，观众沸腾了。但评论家却似乎分成了两派。大多数人指责帕德雷夫斯基过多使用了踏板,过度运用了自由速度。在我看来,这些评论显然太过庸俗迂腐。在那个观众品位发生变化的时代,这些评论也许还能让人理解;可如今,这样的陈词滥调已被重复了整整十五年之久,缠在帕德雷夫斯基的显赫名声之上,挥之不去。还是科托的评价更有意思:"我们又重新在两大洲的音乐厅里找回了当年演奏会的美妙气氛,这个响亮的名字如同过去一样把人们召集到了一块儿,我们甚至还看到了年轻一代的身影,要知道,在很多时候,他们起到的作用是具有决定性的。此人正是帕德雷夫斯基,独一无二的帕德雷夫斯基。他的演奏依旧热情,依旧充满了诗歌韵律。然而,他的弹奏方式似乎又加入了某些超前的元素,那时的我们还未曾了解的元素。他不断向我们展示一条光明大道,他让我们看到,我们此前所做的所有努力都让自己偏离了这条道路。"或许科托的言语有些夸张,但至少我们能够肯定一点,那就是:帕德雷夫斯基演奏中的艺术内涵并没有减少,它既没有变为历史的废墟,也没有成为其自身的纪念碑。当人们的品位不断改变,当科托、巴克豪斯、吉泽金、菲舍尔、施纳贝尔、鲁宾斯坦以及霍洛维茨的名声不断扩大,帕德雷夫斯基仍是唯一一位能使麦迪逊花园16000张门票销售一空的钢琴演奏家。

帕德雷夫斯基在"一战"后的音乐会节目单与战前的相差无几——内容丰富,作品难度颇大,加演曲目也仍然得占用半小时左右的时间。他在曲目总表中保留了对演奏技艺要求最高的乐曲,比如勃拉姆斯的《帕格尼尼主题变奏曲》以及李斯特的《唐璜幻想曲》。此外,也添加了一些新曲目,例如肖邦的《练习曲》Op. 10 no. 1、no. 10, Op. 25 no. 12 以及拉赫玛尼诺夫的两首前奏曲。以下是他于1939年5月25日在麦迪逊花园举办的最后一场音乐会的节目单:

海顿:《F小调变奏曲》

莫扎特:《A小调回旋曲》

贝多芬:《奏鸣曲》Op. 57

肖邦:《叙事曲》Op. 52,《夜曲》Op. 62 no. 1,《玛祖卡舞曲》Op. 59 (no. 2 或 no. 3)

舒伯特:《即兴曲》

瓦格纳-李斯特:伊索尔德之死

在卡内基音乐大厅进行的复出表演及其之后的一系列巡回演出让帕德雷夫斯基获得了50万美金的收益。直到1939年,他的音乐会演奏工作始终不曾间断。他为自己演奏,但同时,一如既往地,也为许多其他人演奏,尽其所能为慈善音乐会贡献力量,还投资建设即将在波兹南矗立的伍德罗·威尔逊(Woodrow Wilson)的纪念碑,以及坐落于巴黎的德彪西纪念碑。他受到多个国家的元首接见,被无数鲜花、桂冠以及荣誉勋章包围,甚至还在罗马受到了教皇、国王以及墨索里尼的召见,并被授予了圣莫里奇奥以及圣拉扎洛勋章。1934年,帕德雷夫斯基失去了妻子。多年来,妻子一直为某种病痛所折磨,根据其亲戚提供的信息判断,应该是老年痴呆症。然而,即使是妻子的去世也没有改变他的生活,因为还有他的寡妇姐姐安东妮亚照顾他。1936年,76岁高龄的帕德雷夫斯基接受了电影《月光奏鸣曲》的拍摄请求。

影片讲述的故事令人心酸(当然结局是圆满的)。帕德雷夫斯基在片中扮演的角色并非一位钢琴家,而是他自己。他努力背诵台词,却没有任何的演说成分。我们只听到他深沉的声音与规矩的英式口音。在没有演奏戏份时,他就好像一名配角。当然,在电影中出现了许多他的弹奏片断:肖邦的《波兰舞曲》Op. 53、李斯特的《第二匈牙利狂想曲》,他本人的《小步舞曲》以及贝多芬的《奏鸣曲》Op. 27 no. 2 的第一乐章"月光"——影片的片名。这首奏鸣曲自然是我们的兴趣所在。它的起音相当高,以至人们无法理解究竟是钢琴经过了特殊调音,还是录影时设备的发声装置产生了问题。但不管怎样,至少我们在影片中看到了他的一些技术特点,而这些是我们在唱片里永远发现不了的。

圣马蒂诺的恩里克公爵曾经告诉我们,帕德雷夫斯基非常珍视他的琴凳。那是一张特殊的琴凳,他在自传中曾有提到,琴凳的照片甚至还占用了一整页。那张凳子非常低。比起他的前辈以及同一时代的钢琴家们,帕德雷夫斯基相对于钢琴的位置要低很多。这一调整似是回应了路德维希·德培(Ludwig Deppe)曾经作出的"诊断"。后者在1885年发表的《钢琴家的手臂疼痛》(Armleiden des Klavierspielers)一文中曾指出,钢琴演奏者通常患有的痉挛或是腱炎其实是由他们相对于钢琴键盘的过高座位所引起的。如果钢琴演奏者能够将座位调低,那么至少能够让手臂在下垂时更加放松。我们可以注意帕德雷夫斯基运用手臂的方法(无论是肌肉放松时还是收紧时)。当然,座位的高低相对于钢琴的位置还与他上肢与上身的比例有关。帕德雷夫斯基身高1.83米,无论是他的上身还是上肢,都要长于普通人(他在电影中的形象甚至能让人联想到猴子)。因此,他座位的高度必须能保证他的手肘放在最令他感到舒适的位置。如果我们注意到另一位音乐家,也就是格伦·古尔德,就会发现他的座位也极低。事实上,他是第一位承认坐姿制约了自己演奏力度的音乐家。但帕德雷夫斯基与其相反,他所瞄准的是声音的强大威力,他做到了。在弹奏李斯特《第二匈牙利狂想曲》开场的两个升C时,帕德雷夫斯基采用了两手交替演奏的方法,而不是通常的只用一只手来完成。如果只用右手弹奏,那么在弹奏第一个升C时手臂与前臂必须自由落下,而到了第二个升C又必须迅速反弹。帕德雷夫斯基使用双手弹奏,那么前臂的两次下落就不再处于完全放松的状态,而是紧张的回弹状态。如此一来,他所弹奏出的声音不仅力量强大,且极具金属质感,以一种英雄式的狂放演绎了匈牙利狂想曲的主题。这样的场面,我们自然也能在他录制的唱片里领略到,但唯有那部影片才能向我们展示他所使用的技法。

除此之外,《月光奏鸣曲》还让我们目睹了帕德雷夫斯基如何运用前臂的力量,如何制造出强大、饱满而浓重的声音以及较之传统更为节制的速度。我们知道，相比一支由竖笛与单簧管组成的乐队，小号与长号组合所发出的声音要更为有力，但同时也相对缺少灵活性。从声音威力的角度看，使用与帕德雷夫斯基相似演奏技巧的阿图尔·鲁宾斯坦能够把小号与长号的声音转化为竖笛与单簧管所发出的声音。而帕德雷夫斯基，至少是我们在唱片中认识的那个帕德雷夫斯基，却只向军号求助。费鲁乔·布索尼曾说，人们可以把小号变得温和，但绝不可能把竖笛变得雄浑。事实上，帕德雷夫斯基能够把小号的声音一直削弱到能用"苍白无力"来形容，却从未逾越竖笛的声音界限。所以，我们在帕德雷夫斯基的曲目总表中看不到格鲁克-斯甘巴蒂的《旋律》——他那个时代所有伟大音乐家都会演奏的一首作品。这绝非只是偶然，因为在这首选自《奥菲欧与尤丽狄茜》的乐曲中，竖笛正是当仁不让的主角。

我们可以半开玩笑地说，从帕德雷夫斯基指下弹出的乐音，就如同他本人的声音一样具有爱国气息，而他本人在演奏时，永远都像是一名战士。"我把自己的一生奉献给了祖国，"他在 1940 年即将前往美国时在瑞士的广播里这样说道，"我用我全部的心力效忠于它。你们知道，这是痛苦的。然而祖国呼唤着我。在那时，任何事物：年龄、身体状况或是长途跋涉的不便都已不再重要。正是由于这样的原因，我走了；也正是由于这样的原因，我带着依依不舍与感激之泪向它告别。"

他那不掺杂政治因素的爱国之情是如此高贵，又是如此纯洁，甚至能够被幽默家们引用到他们的讽刺作品里：因为一次历史事件而突然被推至风口浪尖的波兰总理兼外交部长，威严地从丽兹酒店的楼梯上缓缓走下，然后坐上汽车，前往凡尔赛参加和平协定的签署仪式。他的妻子在楼梯一端高声尖叫："老头子，你围巾带了没？今天很冷啊！"战争结束后，无论是妻子还是丈夫，依旧保持着大战前"好时代"时期的时髦着装。妻子的装束宽松飘逸，头顶饰有驼鸟羽毛的帽子，怀抱可爱温顺的哈巴狗。丈夫则穿戴白色的帽子与围巾，而他的帽子总要比他"肥大头颅"的实际尺寸小上一号。这两个有趣的形象经常成为讽刺作品津津乐道的话题。

如果说在帕德雷夫斯基的人生中出现过这样的英雄喜剧，那么在他的艺术生涯中也同样如此。比如在演奏肖邦《波兰舞曲》Op. 40 no. 1 时，他一边宣泄自己的爱国激情，一边又无意识地触及了——或许是不小心坠入了——英雄喜剧。这样的英雄喜剧在他演奏的德彪西《游吟诗人》中更是表露无遗——依然是无意为之，甚至还给人以振奋之感。在整个波兰被德国与俄国重新瓜分后的 1940 年 1 月，帕德雷夫斯基在华沙主持召开了全国大会。或许正是纯粹的爱国精神与坚定的道德观念促使他在演讲中这样说道："在我们祖国遍地流淌的鲜血应该让我们引以为戒。在这样惨痛的结局里，我们应该找到未来发展的方向，找到能够使每一位公民在法律面前得到平等民主权利的政治体系，找到一个能够保护国民个人权益的坚强而稳定的政府。"帕德雷夫斯基就是这样。在他的世界里，只有正确或是错误。它们的界限那样分明，而他在这个世界，犹如国王般威严。

显然，我提前透露了一些以后的剧情，现在还是让我们回到刚才的起点。在 1937 年，帕德雷夫斯基接受了肖邦作品全集出版物的校对工作。其实该书中的文章主要由卢迪克·布洛纳斯基（Ludwik Bronarski）撰写，而指法编注则由约瑟夫·图尔车辛斯基（Józef Turczynski）完成。尽管帕德雷夫斯基的名字为此书的出版增添了一定权威性，但依然不能掩盖其内容的乏味与空洞。1939 年 2 月 19 日，帕德雷夫斯基从勒阿弗尔出发去了美国。那已经是他在美国的第二十回旅行演出了。在麦迪逊广场花园举办最后一场音乐会之后，他又回到莫尔日，继续学习研究，为下一次巡演作准备。然而，那年的 9 月 1 日，德国侵略了波兰。帕德雷夫斯基收到了罗斯福发来的团结信。他写信给甘地（后者表示对波兰无能为力），还致信墨索里尼……9 月 17 日，苏联入侵波兰。十二天后，波兰沦陷。作为曾经的国家总理，帕德雷夫斯基曾多次前往法国，锲而不舍地寻求法国的帮助。然而在1940年,法国领土已有一部分被德国侵占,另一部分在德国爪牙的严密监视下。一切都在贝当元帅的控制之中。在所有希望落空后,帕德雷夫斯基决定前往美国。

9月23日,帕德雷夫斯基带上一切必要并已获得的签证,坐上汽车穿过整个法国与西班牙,最后在里斯本停留了三周后,于11月6日登上了驶往美国的船只。当他几经辗转终于抵达纽约时,受到了当地民众的热情接待。如同在1915年一样,他来回奔走,为他热爱的祖国寻求帮助与支援。然而,他已不再是当年那个55岁精力充沛的帕德雷夫斯基了,此时的他已年逾八旬,身体状况大不如前。他在剧院收到的最后一则有关战争的消息是1941年的6月22日德军入侵苏联。在这之后的第二天,他出席了一个由"一战"波兰老兵集结召开的会议。当他回到酒店时,就已经感到不适。起初他被诊断为急性肠胃炎,因为此前他曾喝下过一大杯冰水。但在之后的几天里,人们却发现他患上了肺炎。6月29日下午5时,他从昏睡中醒了过来,要了一杯香槟。但到了当天晚上23点,他就再也没能睁开双眼。

隆重的追悼仪式一直持续到7月4日。根据罗斯福的要求,帕德雷夫斯基的遗体被埋葬在了阿林顿的英雄公墓。同年10月6日,他的姐姐安东妮亚随他而去。之后,即1942年1月21日,他的朋友兼学生亨里克·欧皮恩斯基也相继去世(他刚刚完成帕德雷夫斯基传记不久)。在帕德雷夫斯基的一些传记作者看来,幸亏1941年仁慈上帝的呼唤,才使得帕德雷夫斯基免于遭受此后雅尔塔会议决议波兰归于苏联势力范围的巨大失望。如果帕德雷夫斯基依然在世,他一定会深受罗斯福的背叛之苦:他的朋友为了实现重组世界这一"至高利益",选择了牺牲波兰。如果他依然在世,他必将再一次遭受1919年时的痛苦,甚至比那样的痛苦还要剧烈百倍。"二战"后发生的一系列事件使得帕德雷夫斯基的遗体一直埋葬在异乡的土地里,直到1992年才被运回华沙。那年6月29日,灵柩抵达华沙。随后,在 7 月 5 日,人们把它安葬在了圣·乔万尼大教堂。美国总统老布什以及波兰总统列赫·瓦文萨出席了当天的仪式,前者还发表了讲话。然而,此时的波兰还是他心目中的那个波兰吗?是他所热爱的那个波兰吗?回答也许是否定的。1945 年,波兰占领了波美拉尼亚,却也同时失去了波多利亚。它并没有完全按照帕德雷夫斯基曾经预言的那样,成为"完整、自由、独立"的国家,而仅仅只是获得了自由与独立。对于一位纯粹的理想主义爱国者来说,这真的已经足够了吗?

注解

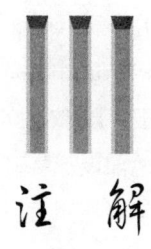

对我来说,有关帕德雷夫斯基最原始也是最主要的信息来源是关于他本人的传记(《伊格内西·简·帕德雷夫斯基与玛丽·劳顿回忆帕德雷夫斯基》)①。但如我之前所说,该书中的事件只记录到1914年的8月。唯一一本从科学研究角度出发而撰写的传记出自亚当·扎莫斯基之笔——《帕德雷夫斯基:伟大的波兰钢琴家与政治家传记》。② 亨瑞克·欧皮恩斯基所著的传记也包含了一些有用信息,该传记于1928年在华沙与洛桑出版,后在1942年修订。为我所用的是它的法语版本——《伊格内西·简·帕德雷夫斯基:生活与工作概述》。③ 该版本中加入了三篇引言,分别是加百利·阿诺托(Gabriel Hanotaux)的"帕德雷夫斯基:作曲家"、古斯塔夫·多莱的"帕德雷夫斯基:作曲家"以及阿尔弗雷德·科托的"帕德雷夫斯基:钢琴家"。其他的一些传记,比如夏洛

---

① The Paderewski Memoirs by Ignace Jan Paderewski and Mary Lawton, Charles Scribner's Son 出版,纽约,1938年;后由 Da Capo Press 出版,纽约,1980年。

② Paderewski. A biography of the great Polish pianist and statesman, Atheneum 出版,纽约,1982年。

③ Ignace Jan Paderewski. Esquisse de sa vie et de son oeuvre, Editions SPES 出版,洛桑,1948年。

特·凯洛格(Charlotte Kellogg)所著的《帕德雷夫斯基》①以及伊莱恩·斯利文斯基·利桑德莱里(Elaine Slivinski Lisandrelli)的《伊格内西·简·帕德雷夫斯基：波兰钢琴家与爱国者》②叙述客观，但相对平庸。此外，我亦参考过许多其他资料，比如由总部设于莫尔日的帕德雷夫斯基协会出版的《帕德雷夫斯基记录》。它们为我提供了诸多相当重要及宝贵的信息。

---

① Paderewski, The Viking Press 出版，纽约，1956 年。
② Ignacy Jan Paderewski: Polish Pianist and Patriot, Morgan Reynolds Incorporated 出版，格林斯博罗，1999 年。

III 演奏曲目

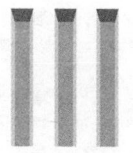

巴赫：
半音幻想曲与赋格

巴赫—李斯特：
G小调幻想曲与赋格，A小调前奏曲与赋格

贝多芬：
协奏曲 Op.73，奏鸣曲 Op.2 no.3、Op.27 no.1、no.2，Op.28，Op.31 no.2、no.3，Op.53，Op.54，Op.57，Op.101，Op.109，Op.110，Op.111，C小调主题及三十二首变奏曲，三重奏 Op.97

勃拉姆斯：
随想曲（可能为 Op.76 no.20），第一、第六、第七匈牙利舞曲，间奏曲（Op.?），亨德尔主题变奏曲 Op.24，帕格尼尼主题变奏曲 Op.35，四重奏 Op.26 no.1，五重奏 Op.34

谢维亚（Chevillard）：
主题与变奏曲 Op.5

肖邦：
协奏曲 Op.11、Op.21，平稳的行板与辉煌的大波兰舞曲 Op.22，叙事曲 Op.23、Op.38、Op.47、Op.52，船歌 Op.60，摇篮曲 Op.57，幻想曲 Op.49，即兴曲 Op.36，葬礼进行曲 Op.72 no.2，玛祖卡舞曲 Op.17 no.3、no.4，Op.24 no.4，Op.33 no.4，Op.50 no.1，Op.56 no.2，Op.59 no.2、no.3，Op.63 no.3，夜曲 Op.9 no.2，Op.15 no.1、no.2，Op.27 no.2，Op.32 no.1，Op.37 no.1、no.2，Op.48 no.1，Op.62 no.1、no.2，波洛奈兹舞曲 Op.26 no.2，Op.40 no.1，Op.44，Op.53，幻想波洛奈兹舞曲 Op.61，前奏曲 Op.28 no.15、no.16、no.17、no.21、no.24，谐谑曲 Op.20，Op.31，Op.39，Op.54，奏鸣曲 Op.35，Op.58，练习曲 Op.10 no.1、no.3、no.4、no.5、no.7、no.8、no.9、no.10、no.12，Op.25 no.1、no.2、no.3、no.6、no.7、no.8、no.9、no.11、no.12，圆舞曲 Op.18，Op.34 no.1、no.2，Op.42，Op.64 no.1、no.2，C大调引子与波洛奈兹 Op.3（为大提琴和钢琴而作）

肖邦—李斯特：
少女的愿望，我的快乐

柴科夫斯基：
幽默曲 Op.10 no.2

库普兰（Couperin）：
班多林，西岱的组钟

考恩（Cowen）：
小协奏曲

达肯（Daquin）：
布谷鸟

德彪西：
水中倒影，特尔斐的舞者，帆，平野之风，游吟诗人

德立布勒（Delibes）：
利戈顿

狄梅（Dièmer）：
第三东方

杜维诺依（Duvernoy）：
间奏曲

福雷：
船歌（Op.?），无词浪漫曲（Op.17 no.?）

菲尔德：
数首夜曲

弗罗尔谢姆（Floersheim）：
即兴曲

福特（Foote）：
随想曲

戈达尔（Godard）：
波洛奈兹舞曲

高尔斯基：
摇篮曲

格拉纳多斯：
圆舞曲

格里格：
协奏曲 Op.16，叙事曲 Op.24

亨德尔：
快乐的铁匠，D小调组曲（no.?）

海顿：
F小调变奏曲

亨舍尔（Henschel）：
玛祖卡舞曲

亨赛尔特（Henselt）：
练习曲《圣母颂》Op.5 no.4

约翰森（Johnss）：
圆舞曲

拉罗（Lalo）：
小夜曲

列舍蒂茨基：
托斯卡纳小曲，玛祖卡舞曲，小步舞曲，塔兰台拉舞曲

李斯特：
第一协奏曲，泉水边，《唐璜》幻想曲，第二波兰舞曲，西班牙狂想曲，第二、第六、第十、第十三、第十六匈牙利狂想曲，B小调奏鸣曲，音乐会练习曲《轻盈》、《森林细雨》、帕格尼尼练习曲《钟》、超技练习曲《风景》、《回忆》，即兴圆舞曲

利托尔夫（Litolff）：
第四音乐会诙谐曲 Op.120

麦肯齐（Mackenzie）：
苏格兰协奏曲

梅森（Mason）：
狂想曲

门德尔松：
无言歌 Op.19 no.3，Op.53 no.4，Op.62 no.1，Op.67 no.4，E小调前奏曲与赋格，庄严变奏曲 Op.54

门德尔松—李斯特：
婚礼进行曲

莫尔（Moore）：
悲怆练习曲

演奏曲目

莫什科夫斯基:
船歌(Op.?)

莫扎特:
回旋曲 K511,奏鸣曲 K331

诺斯科夫斯基(Noskowski):
克拉科维亚克

帕德雷夫斯基:
协奏曲 Op.17,波兰幻想曲 Op.17,变奏曲与赋格 Op.11,小谐谑曲 Op.10 no.2,小步舞曲 Op.14 no.1,萨拉班德舞曲 Op.14 no.2,随想曲(斯卡拉蒂风格)Op.14 no.3,克拉科维亚克舞曲 Op.14 no.7,沙漠中 Op.15,传奇 Op.16 no.1,优美旋律 Op.16 no.2,主题与变奏曲 Op.16 no.3,夜曲 Op.16 no.4,奏鸣曲 Op.21,变奏曲与赋格 Op.23,玛祖卡舞曲(Op.?),小提琴与钢琴奏鸣曲

佩里胡(Périlhou):
幻想曲,赋格曲

皮尔纳(Pierné):
小夜曲

拉赫玛尼诺夫:
前奏曲 Op.3 no.2,Op.32 no.12

拉夫(Raff):
组曲 Op.120,即兴圆舞曲

里斯(Ries):
浪漫曲

鲁宾斯坦:
第四协奏曲 Op.70,小协奏曲 Op.113,船歌 Op.30 no.1,Op.93 no.1、no.2,D 大调玛祖卡舞曲(Op.?),A 小调前奏曲(Op.?),浪漫曲(Op.44?),练习曲(Op.?),圆舞曲随想曲,B 大调三重奏(?)

卢特科威斯基(Rutkowski):
波洛奈兹舞曲

圣-桑:
第四协奏曲 Op.44,浪漫曲,波洛奈兹舞曲 Op.77

斯卡拉蒂:
奏鸣曲(?)

斯卡拉蒂—陶西格:
田园和随想曲

谢林(Schelling):
夜曲

舒伯特:
幻想曲 Op.15,即兴曲 Op.142 no.2、no.3,奏鸣曲的小步舞曲 Op.53,音乐瞬间第二首、第三首,三重奏 Op.99

舒伯特—李斯特:
水中吟,魔王,听!听!云雀!,匈牙利风格嬉游曲,小夜曲,维也纳晚会

舒曼:
协奏曲 Op.54,狂欢节 Op.9,幻想曲 Op.17,幻想曲集 Op.12 no.1、no.2、no.3、no.4,知更鸟 Op.82 no.7,夜曲 Op.23 no.4,蝴蝶 Op.2,奏鸣曲 Op.11,交响练习曲 Op.13,帕格尼尼练习曲 Op.3 no.2,托卡塔 Op.7

斯克里亚宾:
前奏曲(?)

斯甘巴蒂(Sgambati):
加伏特舞曲

斯托约夫斯基(Stojowski):
第二协奏曲,爱之歌,小河边,小夜曲

施特劳斯—陶西格:
人生仅此一次

席曼诺夫斯基:
前奏曲与赋格,练习曲 Op.4 no.3

91

汤姆(Thomé):
纺车之歌

瓦格纳—李斯特:
纺纱合唱,伊索尔德之死(选自《特里斯坦与伊索尔德》)

瓦格纳—谢林:
前奏曲(选自《特里斯坦与伊索尔德》)

韦伯:
随想曲 Op.12,奏鸣曲 Op.39

魏多(Widor):
扎内多

维尼亚夫斯基(Wieniawski):
小提琴与钢琴玛祖卡舞曲

扎尔兹科奇(Zarzycki):
小提琴与钢琴圆舞曲

泽兰斯基(Zelenski):
小提琴与钢琴奏鸣曲

唱片信息与录像资料

马可·扬内利(Marco Iannelli)编辑

　　帕德雷夫斯基的第一批唱片录制于他在瑞士莫尔日的家中,时间为1911年,当时他51岁。这批唱片为当时开始风靡于全球的留声机提供了更广阔的前景。他最后录制的唱片在1938年11月,即在他去世前三年,于伦敦完成。在浏览其唱片目录表时,我们很少看到出现在他音乐会曲目总表中的作品,却由此发现了他对完美境界的追求;因为在录制唱片的那些岁月里,他总会不断演奏并录制同一首作品。

　　为了说明帕德雷夫斯基所具有的敏锐嗅觉与先锋精神,我们在此列出了他早先录制的78转唱片版本、33转与45转密纹唱片版本[上述提法,我们参考了翁贝托·马希尼(Umberto Masini)在《音乐》杂志第五期上发表的研究文章]。

　　另外,还列出了帕德雷夫斯基使用威尔特—米侬(Welte-Mignon)公司以及Duo-Art公司自动钢琴录制的唱片(但其中一部分已找不到母带编号):既有传统的录制唱片,也有后来的激光唱片。为了回应当时许多评论家对于后者,也就是钢琴生产商埃米尔·威尔特(Emil Welte,1841—1923)发明的全新录制设备所持有的保留意见,帕德雷夫斯基在1906年2月28日于威尔特公司的纪念唱片上写下了一段评论,这恐怕是最好的反击:"我唯一不喜欢的就是'米侬'这个名字,丝毫不能让人联想到它的完美和它无与伦比的重要性。"

信息中不妥之处难以避免,真诚地期望得到同行以及读者的批评指正。(Email: cdsiscografie@yahoo.it)

路德维希·范·贝多芬(1770—1827)

升C小调奏鸣曲 Op.27 no.2《月光》—约1906年(Welte-Mignon 钢琴纸卷)
—Adès 16016(33转密纹唱片),Everest X 926(33转密纹唱片),Fonè 90F09(CD),Dal Segno DSPR CD 002(CD),DUX 0324/0325(CD),Bellaphon 690-07-002(CD)

升C小调奏鸣曲 Op.27 no.2《月光》—1925年11月(Duo-Art 钢琴纸卷 no.6969-6930)
—Aeolia 2002(CD),Klavier Records KCD 11018(CD),Nimbus NI8812(CD)

升C小调奏鸣曲 Op.27 no.2《月光》(柔板乐章)—纽约,1926年12月16日
—His Master's Voice DB1090(78转唱片),Klavier Records KCD11086(CD),Living Era ASL8555(CD)

升C小调奏鸣曲 Op.27 no.2《月光》—伦敦,1937年1月30日
—His Master's Voice DB3123/3124(78转唱片),RCA CAL 310(33转密纹唱片),RCA LCT 1000(33转密纹唱片),RCA MCV 525(33转密纹唱片),Muza XL 0684(33转密纹唱片),VDP 7ERQ266(45转密纹唱片),Andante 1110(CD),Pearl GEMM 9499(CD),RCA Victor Gold Seal 60923(CD),Bel Canto Society BCS-D0024(DVD)
[在 RCA CAL 310,RCA LCT 1000,RCA MCV 525 以及 Pearl GEMM 9499 中只录制了柔板乐章。]

约翰内斯·勃拉姆斯(1833—1897)

降D大调第六匈牙利舞曲—纽约,1930年10月14日
—1529(78转唱片),Pearl GEMM CD9109(CD)

A大调第七匈牙利舞曲—纽约,1930年10月14日
—1529(78转唱片),Pearl GEMM CD9109(CD)

弗雷德里克·肖邦(1810—1849)

G小调叙事曲,Op.23—约1906年(Welte-Mignon 钢琴纸卷)
—Everest X 902(33转密纹唱片)

G小调叙事曲,Op.23—约1920年(Duo-Art 钢琴纸卷 no.8008)
—Aeolia 2002(CD),Klavier Records KCD11014(CD)

降A大调叙事曲,Op.47—约1906年(Welte-Mignon 钢琴纸卷)
—Everest X 902(33转密纹唱片),Melodiya D 031991,Fonè 90F09(CD),Dal Segno DSPR CD 002(CD),DUX 0324/0325(CD),Bellaphon 690-07-002(CD)

降A大调叙事曲,Op.47—1925年1月(Duo-Art 钢琴纸卷 no.6832)
—Nimbus NI8816(CD),Aeolia 2002(CD),Klavier Records KCD11014(CD)

F小调叙事曲,Op.52—伦敦,1938年11月

唱片信息与录像资料

—Pearl GEMM 9397（CD）

降 D 大调摇篮曲 Op. 57—伦敦,1912 年 7 月
—His Master's Voice DB 601(78 转唱片)

降 D 大调摇篮曲 Op. 57—纽约,1922 年 6 月 26 日
—His Master's Voice DB 745(78 转唱片), Pearl GEMM 9323（CD）,Philips 456 919 -2（CD）

A 小调玛祖卡舞曲,Op. 17 no. 4《小犹太人》—约 1906 年(Welte-Mignon 钢琴纸卷)
—Everest X 902(33 转密纹唱片)

A 小调玛祖卡舞曲,Op. 17 no. 4《小犹太人》—伦敦,1912 年 7 月
—His Master's Voice DB 604(78 转唱片), Muza SX 0997(33 转密纹唱片),Philips 456 919 -2（CD）

A 小调玛祖卡舞曲,Op. 17 no. 4《小犹太人》—肯登(新泽西州),1923 年 5 月 4 日
—His Master's Voice DB 744(78 转唱片), Pearl GEMM9397（CD）

A 小调玛祖卡舞曲,Op. 17 no. 4《小犹太人》—1924 年 11 月(Duo-Art 钢琴纸卷 no. 6809)
—Fonè 90F09（CD）,Nimbus NI8816（CD）,Aeolia 2002（CD）

降 B 小调玛祖卡舞曲 Op. 24 no. 4—约 1906 年(Welte-Mignon 钢琴纸卷)
—Everest X 902(33 转密纹唱片),DUX 0324/0325（CD）

降 B 小调玛祖卡舞曲 Op. 24 no. 4—1922 年 11 月(Duo-Art 钢琴纸卷 no. 6566)
—Nimbus NI8816（CD）,Aeolia 2002（CD）, Klevier Records KCD 11014（CD）

C 大调玛祖卡舞曲,Op. 33 no. 2—纽约,1930 年 10 月 13 日

—His Master's Voice DA 1245（78 转唱片）,Pearl GEMM 9323（CD）,RCA Victor Red Seal 63861（CD）,Philips 456 919 -2（CD）

降 A 大调玛祖卡舞曲,Op. 59 no. 2—肯登(新泽西州),1924 年 5 月 12 日
—His Master's Voice DA 633(78 转唱片), Philips 456 919 -2（CD）

降 A 大调玛祖卡舞曲,Op. 59 no. 2—纽约,1930 年 10 月 13 日
—His Master's Voice DA 1245（78 转唱片）,Muza XL 0157,Pearl GEMM 9323（CD）

升 F 小调玛祖卡舞曲,Op. 59 no. 3—肯登(新泽西州),1924 年 5 月 12 日
—His Master's Voice DA 633(78 转唱片), Pearl GEMM 9323（CD）,Philips 456 919 -2（CD）

升 F 小调玛祖卡舞曲,Op. 59 no. 3—伦敦,1936 年 10 月 16 日
—His Master's Voice DB 3609（78 转唱片）,Muza XL 0157(33 转密纹唱片)

升 C 小调玛祖卡舞曲,Op. 63 no. 3—纽约,1930 年 10 月 13 日
—Philips 456 919 -2（CD）,Pearl GEMM 9397（CD）

升 C 小调玛祖卡舞曲,Op. 63 no. 3—纽约,1931 年 5 月 13 日
—His Master's Voice DB 1763（78 转唱片）,RCA LCT 1038(33 转密纹唱片), Living Era ASL8555（CD）

降 E 大调夜曲,Op. 9 no. 2—纽约,1930 年 12 月 23 日
—Gramophone DB 1763(78 转唱片),Muza SX 0997(33 转密纹唱片),Andante AN1190（CD）,Living Era ASL8555（CD）,Pearl GEMM 9397（CD）,Philips 456 919 -2（CD）

95

F 大调夜曲,Op. 15 no. 1—伦敦,1911 年
—Desmar IPA117(33 转密纹唱片)

F 大调夜曲,Op. 15 no. 1—纽约,1917 年 5 月 23 日
—05620(78 转唱片),Pearl GEM 136(33 转密纹唱片),Pearl GEMM 9323(CD),Philps 456 919 -2

升 F 大调夜曲,Op. 15 no. 2—莫尔日(瑞士),1911 年 7 月
—045528(78 转唱片)

升 F 大调夜曲,Op. 15 no. 2—巴黎,1912 年 2 月
—His Master's Voice DB 598(78 转唱片)

升 F 大调夜曲,Op. 15 no. 2—纽约,1917 年 5 月 14 日
—His Master's Voice DB 375(78 转唱片),Pearl GEM 136(33 转密纹唱片),Philps 456 919 -2(CD)

升 F 大调夜曲,Op. 15 no. 2—纽约,1927 年 8 月 18 日
—His Master's Voice DB 1167(78 转唱片),Andante AN1190(CD),Pearl GEMM 9323(CD),RCA Victor Gold Seal 60923(CD)

升 F 大调夜曲,Op. 15 no. 2—伦敦,1937 年 1 月
—His Master's Voice DB 3711(78 转唱片),Muza XL 0684(33 转密纹唱片),La Voce Del Padrone 7ERQ 262(45 转密纹唱片),Living Era ASL8555(CD)

G 大调夜曲,Op. 37 no. 2—约 1906 年(Welte-Mignon 钢琴纸卷)
—Everest X926(33 转密纹唱片),Telef. SLA 25207(33 转密纹唱片),DUX 0324/0325(CD)

G 大调夜曲,Op. 37 no. 2—1925 年 2 月(Duo-Art 钢琴纸卷 no. D629)
—Nimbus NI8816(CD),Aeolia 2002(CD),Klavier Records KCD11014(CD)

C 小调夜曲,Op. 48 no. 1—约 1906 年(Welte-Mignon 钢琴纸卷)
—Everest X926(33 转密纹唱片)

B 大调夜曲,Op. 62 no. 1—伦敦,1938 年 11 月 16 日
—2EA 7115(78 转唱片),Pearl GEMM 9397(CD)

E 大调夜曲,Op. 62 no. 2—莫尔日(瑞士),1911 年 7 月
—Pearl GEMM 9397(CD)

降 E 小调波洛奈兹舞曲,Op. 26 no. 2—纽约,1930 年 10 月 16 日
—His Master's Voice DB 1577(78 转唱片),Living Era ASL8555(CD),Pearl GEMM 9323(CD),Philips 456 919 -2(CD)

A 大调波洛奈兹舞曲,Op. 40 no. 1—约 1906 年(Welte-Mignon 钢琴纸卷)
—Adès 16016(33 转密纹唱片),Everest X902(33 转密纹唱片)

A 大调波洛奈兹舞曲,Op. 40 no. 1—莫尔日(瑞士),1911 年 7 月
—045533(78 转唱片),Philips 456 919 -2(CD)

A 大调波洛奈兹舞曲,Op. 40 no. 1—纽约,1917 年 5 月 23 日
—His Master's Voice DB 735(78 转唱片),Victrola 6234 -A,Andante AN1190(CD),Pearl GEMM 9397(CD)

A 大调波洛奈兹舞曲,Op. 40 no. 1—1919 年 12 月(Duo-Art 钢琴纸卷 no. 6140)
—Fonè 90F09(CD),Nimbus NI8816(CD),Klavier Records KCD11014(CD)

降 A 大调波洛奈兹舞曲《英雄》,Op. 53—约 1906 年(Welte-Mignon 钢琴纸卷)
—Melodiya D 031991(33 转密纹唱片),

唱片信息与录像资料

Naxos Historical 8110678（CD），DUX 0324/0325（CD）

降A大调波洛奈兹舞曲《英雄》，Op. 53—伦敦，1937年1月
—His Master's Voice DB 3134（78转唱片），Pearl GEMM 9323（CD），RCA Victor Gold Seal 60923（CD），Bel Canto Society BCS－D0024（DVD）

降D大调前奏曲，Op. 28 no. 15《雨滴》—纽约，1926年5月20日
—CVE 35621－2（78转唱片）

降D大调前奏曲，Op. 28 no. 15《雨滴》—纽约，1928年5月22日
—His Master's Voice DB 1272（78转唱片），Living Era ASL8555（CD），Pearl GEMM 9323（CD），Philips 456 919－2（CD）

降A大调前奏曲，Op. 28 no. 17—纽约，1928年5月22日
—His Master's Voice DB 1272（78转唱片），RCA CAL310（33转密纹唱片），RCA MCV 527（33转密纹唱片），Living Era ASL8555（CD），Pearl GEMM 9323（CD），Philips 456 919－2（CD）

升C小调谐谑曲，Op. 39—约1906年（Welte-Mignon钢琴纸卷）
—Everest X 902（33转密纹唱片），Dal Segno DSPRCD002（CD），Bellaphon 690－07－002（CD）

升C小调谐谑曲，Op. 39—1927年10月（Duo-Art钢琴纸卷 no.7160）
—Fonè 90F09（CD），Nimbus NI8816（CD），Aeolia 2002（CD），Klavier Records KCD11014（CD）

降B小调奏鸣曲《Ⅲ. 葬礼进行曲》，Op. 35—肯登（新泽西州），1923年5月4日
—6470（78转唱片），Pearl GEMM 9397（CD），Philips 456 919－2（CD）

降B小调奏鸣曲，Op. 35—纽约，1928年5月22日
—RCA Victor Gold Seal 60923（CD）

E大调练习曲，Op. 10 no. 3—约1906年（Welte-Mignon钢琴纸卷）
—Melodiya D 031991（33转密纹唱片），Joker SM 1181（33转密纹唱片），Telef. SLA 25057（33转密纹唱片），Teldec 8. 43930（CD），DUX 0324/0325（CD）

E大调练习曲，Op. 10 no. 3—巴黎，1912年2月
—His Master's Voice DB 662（78转唱片），Pearl GEMM 9397（CD），Philips 456 919－2（CD）

E大调练习曲，Op. 10 no. 3—纽约，1926年12月13日
—Gramophone DB 1037（78转唱片），Andante AN1190（CD），Living Era ASL8555（CD），RCA Victor Gold Seal 60923（CD）

降G大调练习曲，Op. 10 no. 5—未发行（Duo-Art钢琴纸卷 no.8022）
—Fonè 90F09（CD），Nimbus NI8816（CD）

降G大调练习曲，Op. 10 no. 5—纽约，1928年5月22日
—His Master's Voice DA 1047（78转唱片），RCA LCT 1000（33转密纹唱片），RCA CAL 310（33转密纹唱片），RCA MCV 527（33转密纹唱片），Living Era ASL8555（CD），Pearl GEMM 9397（CD），Philips 456 919－2（CD）

C大调练习曲，Op. 10 no. 7—巴黎，1912年2月
—His Master's Voice DB 664（78转唱片），Pearl GEM 136（33转密纹唱片），Pearl GEMM 9397（CD），Philips 456 919－2（CD）

C小调练习曲 Op. 10 no. 12《革命练习曲》—巴黎，1912年2月

—His Master's Voice DB 664(78 转唱片)

C 小调练习曲 Op. 10 no. 12《革命练习曲》—纽约,1928 年 5 月 22 日
—His Master's Voice DB 1047(78 转唱片),RCA CAL 310(33 转密纹唱片),RCA MCV 527(33 转密纹唱片),Living Era ASL8555(CD),Pearl GEMM 9323(CD),Philips 456 919 -2(CD)

降 A 大调练习曲,Op. 25 no. 1—巴黎,1912 年 2 月
—His Master's Voice DB 649(78 转唱片),Pearl GEMM 9323(CD),Philips 456 919 -2(CD)

F 小调练习曲,Op. 25 no. 2—巴黎,1912 年 2 月
—His Master's Voice DB 649(78 转唱片),Pearl GEMM 9323(CD),Philips 456 919 -2(CD)

升 G 小调练习曲,Op. 25 no. 6—肯登(新泽西州),1923 年 5 月 4 日
—His Master's Voice DA 577(78 转唱片),Pearl GEMM 9397(CD),Philips 456 919 -2(CD)

升 C 小调练习曲,Op. 25 no. 7—伦敦,1912 年 7 月
—His Master's Voice DB 664(78 转唱片),Pearl GEM 136(33 转密纹唱片),Pearl GEMM 9323(CD)

升 C 小调练习曲,Op. 25 no. 7—肯登(新泽西州),1923 年 5 月 4 日
—His Master's Voice DB 744(78 转唱片),RCA CAL 310(33 转密纹唱片),RCA MCV 527(33 转密纹唱片),Muza XL 0157(33 转密纹唱片),Philips 456 919 -2(CD)

降 D 大调练习曲,Op. 25 no. 8—肯登(新泽西州),1924 年 5 月 12 日
—RCA Victor Gold Seal 60923(CD)

降 G 大调练习曲,Op. 25 no. 9—约 1906 年(Welte-Mignon 钢琴纸卷)
—Adès 16016(33 转密纹唱片),Melodiya D 031991(33 转密纹唱片),Everest X 902(33 转密纹唱片),Fonè 90F09(CD),Teldec 8.43930(CD),DUX 0324/0325(CD)

降 G 大调练习曲,Op. 25 no. 9—纽约,1917 年 6 月 18 日
—His Master's Voice DA 470(78 转唱片),Pearl GEMM 9397(CD),Philips 456 919 -2(CD)

降 G 大调练习曲,Op. 25 no. 9—1919 年 4 月(Duo-Art 钢琴纸卷 no. 6097)
—Nimbus NI8816(CD)

降 G 大调练习曲,Op. 25 no. 9—肯登(新泽西州),1924 年 5 月 12 日
—RCA Victor Gold Seal 60923(CD)

A 小调练习曲,Op. 25 no. 11—肯登(新泽西州),1923 年 5 月 4 日
—His Master's Voice DB 397(78 转唱片),Pearl GEMM 9323(CD),Philips 456 919 -2(CD)

降 E 大调圆舞曲《华丽的大圆舞曲》Op. 18—纽约,1928 年 5 月 22 日
—His Master's Voice DB 1273(78 转唱片),Muza XL 0684(33 转密纹唱片),Living Era ASL8555(CD),Pearl GEMM 9323(CD),Philips 456 919 -2(CD)

降 A 大调圆舞曲,Op. 34 no. 1—约 1906 年(Welte-Mignon 钢琴纸卷)
—Adès 16016(33 转密纹唱片),Everest X 902(33 转密纹唱片),Nimbus NI8816(CD),Dal Segno DSPRCD 002(CD),Bellaphon 690 -07 -002(CD)

降 A 大调圆舞曲,Op. 34 no. 1—莫尔日(瑞士),1911 年 7 月
—045531(78 转唱片)

唱片信息与录像资料

降 A 大调圆舞曲,Op. 34 no. 1—伦敦,
1912 年 7 月
——His Master's Voice DB 585(78 转唱片),
Pearl GEMM 9397(CD),Philips 456 919 -
2(CD)

降 A 大调圆舞曲,Op. 34 no. 1—1922 年 9
月(Duo-Art 钢琴纸卷 no. 6551)
——Nimbus NI8816(CD),Aeolia 2002(CD),
Klavier Records KCD11014(CD)

降 A 大调圆舞曲《大圆舞曲》,Op. 42—约
1906 年(Welte-Mignon 钢琴纸卷)
——Adès 16016(33 转密纹唱片),Everest X
902(33 转密纹唱片),Fonè 90F09
(CD),Dal Segno DSPRCD 002(CD),
Bellaphon 690 -07 -002(CD)

降 A 大调圆舞曲《大圆舞曲》,Op. 42—纽
约,1922 年 6 月 26 日
——His Master's Voice DB 380(78 转唱片),
Pearl GEM 136, Pearl GEMM 9323
(CD),Philips 456 919 -2(CD)

降 A 大调圆舞曲《大圆舞曲》,Op. 42—
1923 年 4 月(Duo-Art 钢琴纸卷 no.
6618)
——Nimbus NI8816(CD),Aeolia 2002(CD)

升 C 小调圆舞曲,Op. 64 no. 2—约 1906
年(Welte-Mignon 钢琴纸卷)
——Joker 1181(33 转密纹唱片),DUX
0324/0325(CD)

升 C 小调圆舞曲,Op. 64 no. 2—莫尔日
(瑞士),1911 年 7 月
——045529(78 转唱片)

升 C 小调圆舞曲,Op. 64 no. 2—纽约,
1917 年 5 月 23 日
——His Master's Voice DB 380(78 转唱片),
RCA CAL 310(33 转密纹唱片),RCA
MCV 527(33 转密纹唱片),Muza SX
0997(33 转密纹唱片),La Voce Del Pa-
drone 7ERQ 262(45 转密纹唱片),Vic-
trola 6234 - B,Andante AN1150(CD),
Pearl Pearl GEMM 9323(CD)

升 C 小调圆舞曲,Op. 64 no. 2—伦敦,
1936 年 11 月 16 日
——His Master's Voice DB 3711(78 转唱片)

弗雷德里克·肖邦—弗朗兹·李斯特 (1811—1886)

少女的愿望,Op. 74 no. 1—约 1906(Welte-
Mignon 钢琴纸卷)
——Vedette VST6010(33 转密纹唱片),
Fonè 90F09(CD),Dal Segno DSPRCD
002(CD),Bellaphon 690 -07 -002(CD)

少女的愿望,Op. 74 no. 1—伦敦,1912 年
7 月
——His Master's Voice DB 683(78 转唱片)

少女的愿望,Op. 74 no. 1—纽约,1922 年
6 月 27 日
——74777(78 转唱片),Muza XL 0157(33
转密纹唱片),Pearl GEMM 9397(CD),
Philips 456 919 -2

少女的愿望,Op. 74 no. 1—1923 年 1 月
(Duo-Art 钢琴纸卷 no. 6594)
——Nimbus NI8816(CD),Aeolia 2002(CD)

我的快乐,Op. 74 no. 5《T》—纽约,1922
年 6 月 26 日
——His Master's Voice DB 754(78 转唱片),
Pearl GEMM 9397(CD),Philips 456 919 -
2(CD)

我的快乐,Op. 74 no. 5—1922 年 11 月
(Duo-Art 钢琴纸卷 no. 6567)
——Nimbus NI8816(CD),Aeolia 2002(CD)

弗朗索瓦·库普兰(1668—1733)

班多林(第一册,第五篇)—纽约,1914 年
4 月 29 日
——His Master's Voice DB 377(78 转唱片),
RCA CAL 310(33 转密纹唱片),RCA
MCV 527(33 转密纹唱片),Pearl

GEMM 9943（CD）

《西岱的钟声》(第二册,第四篇)—纽约,
1914年4月29日
—His Master's Voice DB 377（78转唱片），
RCA CAL 310（33转密纹唱片），RCA
MCV 527（33转密纹唱片），Pearl
GEMM 9943（CD）

克洛德·德彪西（1862—1918）

《特尔斐的舞者》（《前奏曲》第一卷）—纽
约,1930年10月13日
—His Master's Voice DA 1249（78转唱
片），Pearl GEMM CD9109（CD）

《帆》（《前奏曲》第一卷）—纽约,1930年
10月13日
—His Master's Voice DA 1249（78转唱
片），Pearl GEMM CD9109（CD）

《平野之风》（《前奏曲》第一卷）—纽约,
1930年10月13日
—His Master's Voice DA 1173（78转唱
片），Muza SX 0997（33转密纹唱片），
Pearl GEMM CD9109（CD）

《游吟诗人》（《前奏曲》第一卷）—纽约,
1930年12月23日
—His Master's Voice DB 1173（78转唱
片），RCA CAL 310（33转密纹唱片），
RCA MCV 527（33转密纹唱片），Pearl
GEMM CD9109（CD）

《水中倒影》（《意象集》第一辑）—约1906
年（Welte-Mignon钢琴纸卷）
—Bellaphon 690-07-002（CD）

《水中倒影》（《意象集》第一辑）—肯登
（新泽西州），1924年5月12日
—6538（78转唱片）

《水中倒影》（《意象集》第一辑）—纽约,
1926年12月11日
—6633（78转唱片），RCA LCT 1000（33
转密纹唱片），Living Era ASL8555

（CD），Pearl GEMM CD9109（CD）

《水中倒影》（《意象集》第一辑）—1927年
12月（Duo-Art钢琴纸卷 no.7186）
—Nimbus NI8807（CD），Dal Segno DSPRCD
002（CD），Aeolia 2002（CD），Klavier
Records KCD 11018（CD），Nimbus
NI8807（CD）

弗朗茨·约瑟夫·海顿（1732—1809）

F小调变奏曲（行板），HobXVII:6—伦敦,
1937年1月
—His Master's Voice DB 3183（78转唱
片），Pearl GEMM 9499（CD）

弗朗兹·李斯特（1811—1886）

音乐会练习曲 no.2《轻盈》—巴黎,1912
年2月
—045549（78转唱片），Muza SX 0997（33
转密纹唱片），Muza XL 0157（33转密
纹唱片）

音乐会练习曲 no.2《轻盈》—伦敦,1912
年6月
—His Master's Voice DB 662（78转唱片），
Pearl GEM 136，Philips 456 919-2

音乐会练习曲 no.2《轻盈》—肯登（新泽
西州），1923年5月4日
—His Master's Voice DB 397（78转唱片），
RCA CAL 310（33转密纹唱片），RCA
MCV 527（33转密纹唱片），Pearl
GEMM 9943（CD）

帕格尼尼练习曲 no.3《钟》—约1906年
（Welte-Mignon钢琴纸卷）
—Adès 16016（CD）

帕格尼尼练习曲 no.3《钟》—伦敦,1912
年7月
—His Master's Voice DB 376（78转唱片），
Pearl GEMM 9943（CD），Philips 456 919
-2（CD），RCA Victor Gold Seal 60923
（CD）

帕格尼尼练习曲 no.3《钟》—约 1929 年（Duo-Art 钢琴纸卷 no.7509）
—Aeolia 2002（CD），Nimbus NI8812（CD）

帕格尼尼练习曲 no.3《钟》—纽约,1927 年 8 月 18 日
—His Master's Voice DB 1167（78 转唱片），Muza XL 0684，Living Era ASL8555（CD）

超技练习曲 no.3《风景》—1927 年
—Pearla GEMM 9943（CD）

升 C 小调第二匈牙利狂想曲—约 1906 年（Welte–Mignon 钢琴纸卷）
—Vedette VST6010（33 密纹唱片），Klavier Records KCD 11018（CD）

升 C 小调第二匈牙利狂想曲—纽约,1922 年 6 月 26 日
—His Master's Voice DB 381（78 转唱片），Philips 2PH3464381（CD），Pearl GEMM 9943（CD），Philips 456 919 –2（CD）

升 C 小调第二匈牙利狂想曲—1923 年 10 月（Duo-Art 钢琴纸卷 no.6670）
—Nimbus NI8812（CD）

E 大调第十匈牙利狂想曲—约 1906 年（Welte-Mignon 钢琴纸卷）
—Muza SX 0997（33 转密纹唱片），Melodiya D031991（33 转密纹唱片），Vedette VST 6010（33 转密纹唱片），EMI 27 0448 1（CD），Fonè 90F09（CD），Dal Segno DSPRCD 002（CD），DUX 0324/0325（CD），Bellaphon 690–07–002（CD）

E 大调第十匈牙利狂想曲—1912 年
—RCA Victor Gold Seal 60923（CD）

E 大调第十匈牙利狂想曲—纽约,1922 年 6 月 26 日
—05714（78 转唱片），Pearl GEM 136（33 转密纹唱片），Pearl GEMM 9943（CD），Philips 456 919 –2（CD），RCA Victor Gold Seal 60923（CD）

E 大调第十匈牙利狂想曲—1922 年 11 月（Duo-Art 钢琴纸卷 no.6568）
—Aeolia 2002（CD），Klavier Records KCD 11018（CD），Nimbus NI8812（CD）

E 大调第十匈牙利狂想曲—伦敦,1937 年
—Bel Canto Society BCS–D0024（DVD）

A 小调第十六匈牙利狂想曲—约 1906 年（Welte-Mignon 钢琴纸卷）
—Joker SM 1181（33 转密纹唱片）

费利克斯·门德尔松–巴托尔迪（1809–1847）

A 大调无词歌《知心话》,Op.19 no.3—巴黎,1912 年 2 月
—045539（78 转唱片）

A 大调无词歌《知心话》,Op.19 no.3—伦敦,1912 年 6 月
—His Master's Voice DB 649（78 转唱片），Pearl GEMM CD 9109（CD）

F 大调无词歌,Op.53 no.4—1911 年
—Pearl GEMM CD 9109（CD）

C 大调无词歌《纺织歌》,Op.67 no.4—约 1906 年（Welte-Mignon 钢琴纸卷）
—Adès 16016（33 转密纹唱片），Everest X 926（33 转密纹唱片），Bellaphon 690–07–002（CD）

C 大调无词歌《纺织歌》,Op.67 no.4—1922 年 11 月（Duo-Art 钢琴纸卷 no.6569）
—Dal Segno DSPRCD002CD，Aeolia 2002（CD），Klavier Records KCD 11018（CD），Nimbus NI8812（CD）

C 大调无词歌《纺织歌》,Op.67 no.4—肯登（新泽西州）,1923 年 5 月 4 日
—His Master's Voice DB 470（78 转唱片），

Pearl GEMM CD9109（CD）

沃尔夫冈·阿马德乌斯·莫扎特（1756—1791）

A 小调回旋曲，K511—伦敦，1937 年 1 月
—His Master's Voice DB 3133（78 转唱片），Pearl GEMM 9499（CD）

伊格内西·简·帕德雷夫斯基（1860—1941）

旅行者之歌 Op. 8 no. 3《旋律》—约 1906 年（Welte-Mignon 钢琴纸卷）
—Vedette VST 6010（33 转唱片），Dal Segno DSPRCD 002（CD），Bellaphon 690－07－002（CD）

旅行者之歌 Op. 8 no. 3《旋律》—1923 年 11 月（Duo-Art 钢琴纸卷 no.6681）
—Aeolia 2002（CD），Nimbus NI8802（CD）

旅行者之歌 Op. 8 no. 3《旋律》—肯登（新泽西州），1923 年 5 月 4 日
—His Master's Voice DA 577（78 转唱片）

旅行者之歌 Op. 8 no. 3《旋律》—伦敦，1938 年 11 月 16 日
—His Master's Voice DB 3709（78 转唱片），Pearl GEMM 9499（CD）

音乐会幽默曲 Op. 14 no. 1《小步舞曲》—约 1906 年（Welte-Mignon 钢琴纸卷）
—Adès 16016（33 转密纹唱片），Asco A 119（33 转密纹唱片），Joker SM 1181（33 转密纹唱片），Vedette VST 6010（33 转唱片），Dal Segno DSPRCD 002（CD），Naxos Historical 8110677（CD），DUX 0324/0325，Bellaphon 690－07－002（CD）

音乐会幽默曲 Op. 14 no. 1《小步舞曲》—莫尔日（瑞士），1911 年 7 月
—04530（78 转唱片）

音乐会幽默曲 Op. 14 no. 1《小步舞曲》—纽约，1917 年 5 月 22 日
—His Master's Voice DB 379（78 转唱片）

音乐会幽默曲 Op. 14 no. 1《小步舞曲》—1919 年 4 月（Duo-Art 钢琴纸卷 no.6100）
—Aeolia 2002（CD），Nimbus NI8802（CD）

音乐会幽默曲 Op. 14 no. 1《小步舞曲》—肯登（新泽西州），1923 年 5 月 4 日
—RCA LM 2585（33 转密纹唱片）

音乐会幽默曲 Op. 14 no. 1《小步舞曲》—纽约，1926 年 5 月 20 日
—His Master's Voice DB 1090（78 转唱片）

音乐会幽默曲 Op. 14 no. 1《小步舞曲》—伦敦，1937 年 1 月
—His Master's Voice DB 3124（78 转唱片），RCA LCT 1000（33 转密纹唱片），Muza XL 0684（33 转密纹唱片），Muza XL0157（33 转密纹唱片），La Voce Del Padrone QALP 10347（33 转密纹唱片），La Voce Del Padrone 7ERQ 262（45 转密纹唱片），Pearl GEMM 9499（CD），Philips 456 919－2（CD），RCA Victor Gold Seal 60923（CD），Bel Canto Society BCS-D0024（DVD）

音乐会幽默曲 Op. 14 no. 3《斯卡拉蒂随想曲》—约 1906 年（Welte-Mignon 钢琴纸卷）
—Adès 16016（33 转密纹唱片），Vedette VST 6010（33 转密纹唱片），Dal Segno DSPRCD 002（CD），Bellaphon 690－07－002（CD）

音乐会幽默曲 Op. 14 no. 3《斯卡拉蒂随想曲》—1922 年 10 月（Duo-Art 钢琴纸卷 no.6558）
—Nimbus NI8801（CD），Nimbus NI8802（CD），Aeolia 2002（CD）

音乐会幽默曲 Op. 14 no. 7《半音幻想曲》—巴黎，1912 年 2 月

—His Master's Voice DB683（78 转唱片）

音乐会幽默曲 Op. 14 no. 7《半音幻想曲》—纽约,1917 年 6 月 6 日
—His Master's Voice DB 379（78 转唱片）,Pearl GEMM 9499（CD）

音乐会幽默曲 Op. 14 no. 7《半音幻想曲》—1932 年 3 月（Duo-Art 钢琴纸卷 no.7446）
—Aeolia 2002（CD）,Nimbus NI8802（CD）

杂集 Op. 16 no. 1《传奇》—约 1906 年（Welte-Mignon 钢琴纸卷）
—Vedette VST 6010（33 转密纹唱片）

杂集 Op. 16 no. 1《传奇》—1928 年 12 月（Duo-Art 钢琴纸卷 no.7285）
—Aeolia 2003（CD）,Nimbus NI8802（CD）

杂集 Op. 16 no. 4《夜曲》—约 1906 年（Welte-Mignon 钢琴纸卷）
—Vedette VST 6010（33 转密纹唱片）,Joker SM 1181（33 转密纹唱片）,DUX 0324/0325（CD）

杂集 Op. 16 no. 4《夜曲》—纽约,1922 年 6 月 1 日
—His Master's Voice DB 380（78 转唱片）,RCA CAL 310（33 转密纹唱片）,RCA MCV 527（33 转密纹唱片）,Pearl GEMM 9499（CD）

杂集 Op. 16 no. 4《夜曲》—1922 年 11 月（Duo-Art 钢琴纸卷 no.6562）
—Nimbus NI8802（CD）

谢尔盖·拉赫玛尼诺夫（1873—1943）

升 G 小调前奏曲 Op. 32 no. 12—纽约,1930 年 10 月 14 日
—RCA Victor Gold Seal 60923（CD）

安东·鲁宾斯坦（1829—1894）

随想圆舞曲—伦敦,1912 年 7 月
—His Master's Voice DB 598（78 转唱片）,Pearl GEMM 9109（CD）

随想圆舞曲—纽约,1928 年 5 月 22 日
—His Master's Voice DB 1273（78 转唱片）

欧内斯特·谢林（1876—1939）

夜曲—1928 年 3 月（Duo-Art 钢琴纸卷 no.7215）
—Aeolia 2002（CD）,Nimbus NI8802（CD）

夜曲—纽约,1926 年 5 月 20 日
—His Master's Voice DB 1029（78 转唱片）,Pearl GEMM 9943（CD）

弗朗兹·舒伯特（1797—1828）

降 A 大调即兴曲,Op. 142 no. 2—1924 年 10 月（Duo-Art 钢琴纸卷 no.6794）
—Aeolia 2002（CD）,Nimbus NI8812（CD）,Klavier Records KCD11014（CD）

降 A 大调即兴曲,Op. 142 no. 2—纽约,1926 年 12 月 16 日
—His Master's Voice DB 1037（78 转唱片）,Pearl GEMM 9499（CD）,Philips 456 919 -2（CD）

降 B 大调即兴曲,Op. 142 no. 3—1906 年 11 月 27 日（Welte-Mignon 钢琴纸卷）
—Melodiya D 031991（33 转密纹唱片）,Everest X 926,Joker SM 1181（33 转密纹唱片）,Telef. SLA 25057（33 转密纹唱片）,Fonè 90F09（CD）,Teldec 8.43929,DUX 0324/0325（CD）

降 B 大调即兴曲,Op. 142 no. 3—肯登（新泽西州）,1924 年 5 月 12 日
—His Master's Voice DB 833（78 转唱片）,Pearl GEM 136（33 转密纹唱片）,Muza SX 0997（33 转密纹唱片）,Pearl GEMM 9499（CD）,Philips 456 919 -2（CD）

降 B 大调即兴曲,Op. 142 no. 3—1929 年 10 月(Duo-Art 钢琴纸卷 no.7348)
—Aeolia 2002(CD), Nimbus NI8812(CD)

降 A 大调音乐瞬间 Op. 94 no.2—纽约,1931 年 5 月 13 日
—7508(78 转唱片),RCA CAL 310(33 转密纹唱片),RCA MCV 527(33 转密纹唱片),Pearl GEMM 9499(CD)

降 A 大调音乐瞬间 Op. 94 no.2—伦敦,1938 年 11 月 16 日
—His Master's Voice DB 3710(78 转唱片),Muza XL 0684(33 转密纹唱片)

弗朗兹·舒伯特—弗朗兹·李斯特

《魔王》—约 1906 年(Welte-Mignon 钢琴纸卷)
—Melodiya D 031991, Joker SM 1181(33 转密纹唱片), EMI 27 0448 1(CD), DUX 0324/0325(CD)

《听!听!云雀!》—约 1906 年(Welte-Mignon 钢琴纸卷)
—Adès 16016(33 转密纹唱片),Fonè 90F09(CD)

《听!听!云雀!》—莫尔日(瑞士),1911 年 7 月
—045532(78 转唱片),Pearl GEM 136(33 转密纹唱片),Pearl GEMM 9943(CD)

《听!听!云雀!》—巴黎,1912 年 2 月
—His Master's Voice DB 378(78 转唱片)

《听!听!云雀!》—约 1924 年(Duo-Art 钢琴纸卷 no.6694)
—Dal Segno DSPRCD 002(CD),Aeolia 2002(CD),Klavier Records KCD 11018(CD)

《听!听!云雀!》—肯登(新泽西州),1924 年 5 月 12 日
—6470(78 转唱片)

小夜曲—约 1906 年(Welte-Mignon 钢琴纸卷)
—Joker SM 1181(33 转唱片),DUX 0324/0325(CD),Bellaphon 690-07-002(CD)

A 大调维也纳晚会 no.6—1931 年 10 月(Duo-Art 钢琴纸卷 no.7435)
—Dal Segno DSPRCD 002(CD), Aeolia 2002(CD), Klavier Records KCD 11018(CD),Bellaphon 690-07-002(CD), Nimbus NI8812(CD)

罗伯特·舒曼(1810—1856)

F 大调夜曲,Op. 23 no.4—1911 年
—Pearl GEMM CD9109(CD)

F 大调夜曲,Op. 23 no.4—1928 年 10 月(Duo-Art 钢琴纸卷 no.7262)
—Aeolia 2002(CD),Nimbus NI8812(CD)

幻想曲集《夜晚》,Op. 12 no.1—伦敦,1912 年 6 月
—His Master's Voice DB 601(78 转唱片),Pearl GEMM 136(33 转密纹唱片),Muza SX 0997(33 转密纹唱片),Pearl GEMM CD9109(CD)

幻想曲集《冲动》,Op. 12 no.2—伦敦,1912 年 7 月
—His Master's Voice DB 376(78 转唱片),Pearl GEMM 136(33 转密纹唱片),Muza SX 0997(33 转密纹唱片),Pearl GEMM CD9109(CD)

幻想曲集《为什么?》,Op. 12 no.3—伦敦,1912 年 7 月
—His Master's Voice DB 374(78 转唱片),Pearl GEMM 136(33 转密纹唱片),Muza SX 0997(33 转密纹唱片),Pearl GEMM CD9109(CD)

幻想曲集《为什么?》,Op. 12 no.3—纽约,1914 年 4 月 30 日
—6388(78 转唱片),RCA CAL 310(33 转

密纹唱片），RCA MCV 527（33 转密纹唱片），Muza XL 0157（33 转密纹唱片）

林地之景《预言鸟》，Op. 82 no. 7—约1906（Welte-Mignon 钢琴纸卷）
—Fonè 90F09（CD），Dal Segno DSPRCD 002（CD），Bellaphon 690 - 07 - 002（CD）

林地之景《预言鸟》，Op. 82 no. 7—纽约，1926 年 12 月 14 日
—His Master's Voice DB 869（78 转唱片），Pearl GEMM CD9109（CD）

林地之景《预言鸟》，Op. 82 no. 7—1927 年 8 月（Duo-Art 钢琴纸卷 no. 8020）
—Nimbus NI8812（CD）

西格姆德·斯托霍夫斯基（1869—1946）

在溪边—纽约，1926 年 12 月 14 日
—Vic 1426（78 转唱片），His Master's Voice DB 869（78 转唱片），RCA CAL 310（33 转密纹唱片），RCA MCV 527（33 转密纹唱片），Pearl GEMM 9943（CD）

爱之歌，Op. 26 no. 3—伦敦，1912 年 7 月
—His Master's Voice DB 378（78 转唱片）

爱之歌，Op. 26 no. 3—纽约，1926 年 12 月 11 日
—Vic 6633（78 转唱片），Pearl GEMM 9943（CD）

约翰·施特劳斯（1825—1899）—卡尔·陶西格（1841—1871）

圆舞曲《人生仅此一次》，Op. 167—纽约，1930 年 12 月 23 日
—CVE 64339（78 转唱片），Pearl GEMM CD9109（CD），RCA Victor Gold Seal 60923（CD）

理查德·瓦格纳（1813—1883）—弗朗兹·李斯特

纺纱合唱（选自《漂泊的荷兰人》）—肯登（新泽西州），1924 年 5 月 12 日
—6538（78 转唱片）

纺纱合唱（选自《漂泊的荷兰人》）—纽约，1930 年 10 月 16 日
—His Master's Voice DA 1253（78 转唱片），Pearl GEMM 9943（CD），Philips 456 919 - 2（CD）

伊索尔德之死（选自《特里斯坦与伊索尔德》）—伦敦，1938 年 11 月 16 日
—2EA 7113（78 转唱片），Pearl GEMM 9943（CD）

伊索尔德之死（选自《特里斯坦与伊索尔德》）—约 1929 年（Duo-Art 钢琴纸卷 no. 7508）
—Fonè 90F09（CD），Klavier Records KCD 11018，Nimbus NI8812（CD）

理查德·瓦格纳—欧内斯特·谢林

前奏曲（选自《特里斯坦与伊索尔德》）—纽约，1930 年 10 月 14 日
—Victor 7242（78 转唱片），Distinguished 103（33 转密纹唱片），Pearl GEMM 196（33 转密纹唱片），RCA Victor Gold Seal 60923（CD），Pearl GEMM 9943（CD）

电 影

《月光奏鸣曲》。英国，1937 年。导演：洛塔尔·曼迪斯；主演：伊格内西·简·帕德雷夫斯基、查尔斯·费瑞尔、玛丽娅·坦佩斯特、埃里克·波特曼。
—Bel Canto Society BCS—D0024（DVD）

［影片中帕德雷夫斯基弹奏的曲目包括：贝多芬《月光奏鸣曲》Op. 27 no. 2、肖邦波洛奈兹舞曲 Op. 53《英雄》、李斯特《匈牙利狂想曲》、帕德雷夫斯基《G 大调小步舞曲》Op. 14 no. 1。］

105

录　像

《钢琴的艺术》—1999 年
—Nvc Arts 29199 -2(DVD)
[录像中帕德雷夫斯基弹奏的曲目包括李斯特《第二匈牙利狂想曲》。]

《钢琴的黄金时代》—2003 年,大卫·杜

巴尔出品
—Philips/Decca 075 092 -9 PH(DVD)
[录像中帕德雷夫斯基演奏的曲目包括:肖邦波洛奈兹舞曲 Op.53《英雄》、帕德雷夫斯基《G大调小步舞曲》Op.14 no.1。]

唱片标签索引

—Aeolia 2002（2CD）
独奏音乐会中的帕德雷夫斯基
—Andante AN1110
贝多芬:钢琴奏鸣曲
—Andante AN1150
肖邦:钢琴作品,第一卷
—Andante AN1190
肖邦:钢琴作品,第二卷
—Bellaphon 690 -07 -002
帕德雷夫斯基:早期录音
—Dal Segno 002
录制钢琴纸卷的大师们:帕德雷夫斯基演奏的帕德雷夫斯基作品
—Dux 0324/0325(2CD)
录制 Welte-Mignon 钢琴纸卷的帕德雷夫斯基
—Fonè 90F09
黄金时代的伟大钢琴家:帕德雷夫斯基
—Klavier Records KCD11014
帕德雷夫斯基演奏的肖邦作品
—Klavier Records KCD11018
帕德雷夫斯基演奏的贝多芬、李斯特、舒伯特与德彪西作品
—Klavier Records KCD11086
古典作品集锦:钢琴
—Living Era ASL8555
古典音乐—小步舞曲及其他:帕德雷夫斯基
—Naxos Historical 8110677
Welte-Mignon 钢琴纸卷,第一卷
—Naxos Historical 8110678

Welte-Mignon 钢琴纸卷,第二卷
—Nimbus NI8801
伟大的钢琴:伟大的钢琴时代
—Nimbus NI8802
伟大的钢琴:波兰的天才
—Nimbus NI8807
伟大的钢琴:德彪西
—Nimbus NI8812
伟大的钢琴:帕德雷夫斯基演奏的李斯特与舒伯特等人作品
—Nimbus NI8816
伟大的钢琴:肖邦
—Pearl GEMM 9233
帕德雷夫斯基演奏的肖邦作品,第一卷
—Pearl GEMM 9397
帕德雷夫斯基演奏的肖邦作品,第二卷
—Pearl GEMM 9499
帕德雷夫斯基的艺术,第一卷
—Pearl GEMM 9943
帕德雷夫斯基的艺术,第二卷
—Pearl GEMM CD9109
帕德雷夫斯基的艺术,第三卷
—Philips 2PH3464381
钢琴的艺术—20 世纪的伟大钢琴家
—Philips 456 919 -2(2CD)
20 世纪的伟大钢琴家,第 74 卷
—RCA Victor Red Seal 63861
红封印世纪:独奏者与指挥家
—RCA Victor Gold Seal 60923
传奇演奏家:帕德雷夫斯基